国家文物保护专项资金补助项目

来风仙佛寺石窟文物保护工程技术报告

LAIFENG XIANFOSI SHIKU WENWU BAOHU GONGCHENG JISHU BAOGAO

黄林　黄康　著

中国地质大学出版社
ZHONGGUO DIZHI DAXUE CHUBANSHE

图书在版编目(CIP)数据

来凤仙佛寺石窟文物保护工程技术报告/黄林，黄康著.—武汉：中国地质大学出版社，2024.3.
ISBN 978-7-5625-5890-3

Ⅰ.K879.29

中国国家版本馆 CIP 数据核字第 2024RD4000 号

来凤仙佛寺石窟文物保护工程技术报告 黄林 黄康 **著**

责任编辑：舒立霞 选题策划：江广长 段 勇 责任校对：徐蕾蕾

出版发行：中国地质大学出版社(武汉市洪山区鲁磨路 388 号) 邮编：430074
电 话：(027)67883511 传 真：(027)67883580 E-mail：cbb@cug.edu.cn
经 销：全国新华书店 http://cugp.cug.edu.cn

开本：880 毫米×1230 毫米 1/16 字数：341 千字 印张：10.75
版次：2024 年 3 月第 1 版 印次：2024 年 3 月第 1 次印刷
印刷：湖北新华印务有限公司

ISBN 978-7-5625-5890-3 定价：168.00 元

《来风仙佛寺石窟文物保护工程技术报告》编委会

序

仙佛寺石窟位于鄂、湘、渝三省市交界的恩施土家族苗族自治州来凤县，开凿于唐代，反映了中原地区与长江流域、川鄂湘之间佛教文化、艺术的交流融合，其造像艺术在开凿初期就融入了对民族审美意识和形式的思考与强烈追求，使石窟艺术呈现出地域化、世俗化的趋势，堪称我国西南地区石窟寺的佳作。1956 年，仙佛寺被湖北省人民委员会公布为湖北省第一批文物保护单位；2006 年，被国务院公布为第六批全国重点文物保护单位。

我国石窟寺分布广泛、规模宏大、体系完整，集建筑、雕塑、壁画、书法等艺术于一体，充分体现了中华民族的审美追求、价值理念、文化精神。加强石窟寺保护利用工作，是传承弘扬中华优秀传统文化、加快社会主义文化强国建设的重要举措。2019 年 8 月，习近平总书记考察敦煌莫高窟时指出："把莫高窟保护好，把敦煌文化传承好，是中华民族为世界文明进步应负的责任。"2020 年 11 月，国务院办公厅印发《国务院办公厅关于加强石窟寺保护利用工作的指导意见》（国办发〔2020〕41 号），明确要求"深刻认识做好石窟寺保护利用工作的重要性和紧迫性，牢固树立保护文物也是政绩的科学理念，切实做好各项相关工作。"湖北石窟寺石刻资源丰富，是荆楚文化的重要标识和组成部分。2020 年 11 月至 2021 年 3 月，湖北省文化和旅游厅组织开展了全省石窟寺石刻专项调查，全面系统摸清了资源家底，掌握了保存现状和存在问题，建立了基础数据库，编制了文物名录，研究对策形成了工作报告，编辑出版了专著，为做好保护利用工作奠定了坚实的技术基础。

由于年代久远、材质较脆弱，加之所处自然环境独特，仙佛寺石窟容易受地质灾害、生物病害影响，岩体风化、渗水、结构失稳等隐患在一定范围还存在。为确保文物安全，在国家文物局的高度重视下，在湖北省文化和旅游厅的大力支持下，来凤县文物部门积极主动推进仙佛寺文物保护利用工作，先后实施了窟檐复原、危岩体抢险加固、安防设施建设等工程，文物本体得到有效保护，环境得到显著改善，仙佛寺景区成功申报为国家 AAAA 级景区。《来凤仙佛寺石窟文物保护工程技术报告》是对以往实施的文物保护工程的系统梳理和总结，涉及石窟的概况、保护范围及建设控制地带、气候水文地形地貌、赋存岩体基本情况和物理力学参数、摩崖造像本体病害、历年保护工作情况等诸多信息，主要内容以史料为基础，综合与保护工程相关的工程管理资料，基本做到了客观记录、尊重历史。不仅为仙佛寺石窟今后的保护工作提供了可靠的工程数据和翔实的技术参考，而且为开展同类保护工程提供了一个专业性和可操作性强的实践案例。

以史为镜，可知兴衰。总结经验，深入研究，继往开来，才能更好地弘扬优秀传统文化，赓续历史文脉，延续中华文明。愿本书能让更多文物考古工作者从石窟寺保护实践中得到启发，进一步弘扬"青灯黄卷、风餐露宿"的奉献精神，坚定文化自信、担当使命、奋发有为，扎实推进中华民族现代文明和社会主义文化强国建设。

是为序！

湖北省文化和旅游厅党组成员，湖北省文物事业发展中心党委书记、主任

余　萍

2023 年 9 月 4 日

前 言

湖北省来凤县仙佛寺石窟造像始凿于唐代，是长江中游及两湖地区现存建造年代较早、保存较完整的唐代摩崖造像。仙佛寺石窟是湖北省乃至全国不可再造的、重要的石窟寺文化遗产之一。1956 年仙佛寺石窟被湖北省人民委员会公布为第一批省级文物保护单位，2006 年 5 月被国务院公布为第六批全国重点文物保护单位。

在仙佛寺开凿的一千余年里，由于崖体岩壁自身发育的特征、自然环境的侵蚀以及部分人类工程活动的影响，在水患、危岩体、滑坡、风化以及人为等多种因素影响下，仙佛寺石窟的劣化病害日益严重。

为有效保护仙佛寺石窟文物的真实性、完整性，推动仙佛寺文物信息及价值能够得到有效保存和延续，梳理仙佛寺石窟在历次修缮过程中的病害勘察、保护修缮等技术内容，为仙佛寺石窟今后的保护工作提供可靠扎实的技术参考，充分发挥其在传承历史文明、弘扬传统文化的积极作用，遵照“保护第一，加强管理，挖掘价值，有效利用，让文物活起来”的文物工作方针，特编制本书。本书主要内容如下：

第一章介绍了仙佛寺石窟的概况，从地理位置、历史沿革、文物本体情况、价值评估、保护工作开展情况进行阐述。

第二章对其保护标志范围和建设控制地带等要素信息进行了说明。

第三章从气候、水文概况、地形地貌等方面介绍了仙佛寺石窟降雨温湿度、地貌特征等石窟赋存的自然环境。

第四章通过地层岩性、地质构造、水文地质条件、地震等方面详细阐述了仙佛寺石窟赋存岩体的基本情况发育特征。

第五章主要针对石窟区出露的主要岩石进行勘测，总结了现场开展的测试、室内物理力学参数的测试，并通过岩体分类及反算等方法，综合确定了岩体物理力学参数的取值。

第六章介绍了仙佛寺崖壁中北龛、中龛、南龛等 3 个大龛中仙佛寺摩崖造像代表的本体病害勘察的内容，统计了现状本体的病害产生的类型和程度。

第七章中主要统计和分析了仙佛寺石窟赋存环境存在的裂隙病害、危岩体病害、滑坡病害以及渗水病害等 4 种主要环境地质病害，并对文物本体产生的影响进行了论述。

第八章汇编了仙佛寺石窟于 2007 年、2012 年、2017 年以及 2020 年 4 次保护工程的设计内容要点，并对历次保护方案中的技术部分进行了梳理和总结。

附录收集了仙佛寺历史上与保护工程相关的工程管理资料，如历次文物保护工程相关的上级部门批复文件，全国重点文物保护单位登记表，相关历史照片以及历次保护工程中所开展的保护试验结果等内容。

本书在编写过程中，得到湖北省文化和旅游厅的关心支持，在此表示衷心的感谢；同时也感谢参与历次修缮工作的技术工程人员对本书给予的大力帮助。本书在编写过程中难免存在疏漏不足之处，恳请广大读者批评指正。

著者

2023 年 8 月 20 日

第四篇　仙佛寺石窟文物保护工程设计

第一篇

仙佛寺石窟概况

第一章 概 况

仙佛寺石窟位于鄂、湘、渝三省市交界的恩施土家族苗族自治州(简称恩施州)来凤县(图 1-1)翔凤镇仙佛寺村西水河西岸的岩壁(即佛潭岩)上(图 1-2),地理坐标为东经 109°25′,北纬 29°31′,海拔 400～480m。东与湖南龙山县隔水相望,南距来凤县城约 6.5km。石窟始凿于唐代,从样式风格及题材组合内容来看,大体保持与长江流域乃至中原地区同步的水平。

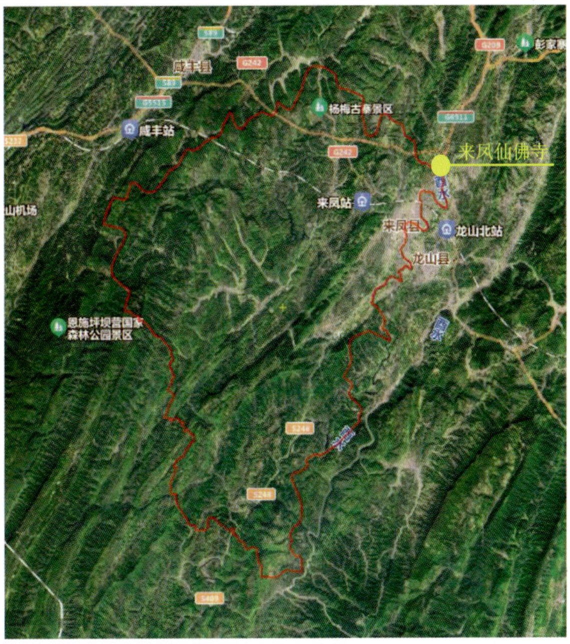

图 1-1 仙佛寺石窟在来凤县的位置示意图

图 1-2 仙佛寺全景图

在长约 35m、高约 24m 的岩壁中间的位置上凿刻有大龛 3 个，中龛 1 个，小龛 12 个，共有 27 尊佛、菩萨和供养人造像(图 1-3)。北龛呈倒“U”字形，高约 6m，龛中为一佛二弟子；中龛龛高 6.3m，龛中造像为一佛二弟子二菩萨，坐像高 5.3m，须弥座高 3.7m；南龛龛高 6.2m，龛中造像为一佛二弟子。中龛龛中侍立二菩萨，着宝冠，披璎珞，手提净瓶，通高 2.7m。中龛以南，顺次排列 12 个小龛，每龛一像，因岩石风化，面目衣纹模糊，每尊造像的名号待考。

图 1-3　仙佛寺摩崖造像基本位于陡壁中部

第一节　遗存情况

湖北恩施土家族苗族自治州来凤县翔凤镇仙佛寺村的酉水河西岸，有一赭红色石壁，石质细腻，属碳酸盐沉积岩。四周山峦起伏，仙佛寺建于酉水河西岸凹进的石壁上。

石壁全长约 200m，中段 35m 一段凿刻摩崖造像，计有大佛龛 4 个，造像 13 尊，南端小龛 12 个并列，造像 14 尊，共计造像 27 尊。大龛龛顶距地面最高处为 14.6m。造像最大者通高约 6m。

石壁前原有 3 层木结构窟檐，总占地面积 1100m^2，总建筑面积(3 层)998m^2。其中第一层为 520m^2，第二层为 310m^2，第三层为 168m^2。民族式建筑雄伟壮观，寺前古木森然，可惜均在“文化大革命”时期遭到彻底破坏，寺宇拆毁、林木砍伐、佛像也被局部砸坏。

北龛龛高 6m，龛顶至地面 13.6m。龛中凿一佛二弟子三尊像。坐佛通高 5m，坐高 3.4m。弟子通高 4m，立高 3.1m。坐佛低肉髻，着双领下垂袈裟，僧祇支作交领衣，结跏趺坐于圆莲座上。二弟子均立于圆莲座上，座前雕出壶门，着交领袈裟。佛右手反置膝上，左手抚膝，为降魔触地印。北龛彩绘通身火焰纹背光。

中龛龛顶至地面高 13.85m，龛高 6.3m。龛中凿一佛二弟子二菩萨五尊像。坐佛通高 5.3m，须弥座高 3.7m。左弟子通高 2.8m，左菩萨通高 3.2m。佛低平肉髻(清代补修为螺髻)，着双领下垂袈裟，内着僧祇支。右手残损，左手上举，双腿下垂，为善跏趺坐式。大衣下摆为同心圆式披覆座上。佛座似为束腰仰覆莲圆座。二弟子着袈裟，双手合十侍立，袈裟下摆内束。菩萨戴高冠，帔帛垂于腹腿之际二道，中间作结，左手下垂，右手上举。右菩萨右手似持净瓶。

南龛龛顶至地面高14.6m，龛高6.2m，龛中凿一佛二弟子三尊像。坐佛通高5m，坐高3.4m。左弟子通高3.8m。坐佛着双领下垂袈裟，右手抚膝，左手上举(已残损)。佛身后彩绘头光与身光，缘饰火焰纹，同中龛。

南侧双观音龛，龛顶至地面高11.3m。龛中凿二位菩萨，左观音残损较甚。右观音通高2.7m，着宝冠，帔帛垂于腿际二道，中间作结。胸饰3条垂式瓔珞，右手提净瓶，左手上举。

最南端为12个小龛，每龛一像，高1.5～2m不等。

第二节　价值评估

一、历史价值

来凤仙佛寺石窟的摩崖造像填补了长江中游和两湖地区唐代石窟艺术研究的空白。仙佛寺石窟不仅是长江中游、两湖地区唯一的唐代摩崖造像，同时也是现存规模最大的摩崖造像，其中通高6m的大型倚坐式弥勒佛像，不仅在两湖地区首屈一指，在国内也是较早、较大的实例之一。仙佛寺石窟具有鲜明的民族化、生活化特色，从不同侧面展示了我国石窟艺术风格及民间宗教信仰在长江中游地区的重大发展、变化，集中展现了长江中游唐至五代期间最具规模和最为优秀的石窟造型艺术，代表了两湖地区石刻艺术的最高峰，具有其他各地石窟不可替代的历史、艺术、科学和鉴赏价值，是长江中游地区石窟艺术的杰出例证。

二、文化价值

来凤仙佛寺石窟的摩崖造像集中体现了中原地区与长江流域、四川与两湖地区佛教文化的交流情况，是汉文化与少数民族文化交流碰撞的产物，为研究当时的文化交流和传播提供了重要的实物例证。

据丁明夷等先生考证，来凤仙佛寺石窟造像开凿于唐代，雕刻水平与题材内容大体保持与中原地区同步的水平，其造像样式和题材具有明显的初、盛唐风格，与中原地区、四川地区同时期石窟及摩崖造像，如龙门武周时期造像、峨眉山唐代早中期石窟造像多有相同之处，为研究当时鄂西与中原地区之间和川鄂湘之间的佛教文化、艺术交流情况提供了重要的实物资料，是佛教在我国南传的重要历史遗存。

仙佛寺石窟位于鄂、湘、渝三省市宗教、文化交界地带，地处鄂西少数民族(土家族和苗族)聚居地区，是当时土著文化与先进的中原汉族文化相融合的产物。其造像艺术在开凿期就融入了对民族审美意识和形式的悟性与强烈追求，使石窟艺术呈现了地域化、世俗化的趋势，堪称展现少数民族地区石窟艺术的“里程碑”。

三、艺术价值

仙佛寺石窟的石像雕刻技艺精湛，具有较高的艺术价值。石窟整体采用圆雕的手法，衣纹局部以阴线刻出，雕刻手法繁简有序，整个造型丰满，神态逼真，静穆沉稳，洋溢着一种向外的生命力，将神的威严气质与人的生动神态巧妙结合，反映了当时人们的审美，在中国石刻艺术中独树一帜。

整个石窟造像表现手法在吸收、融化中原石窟艺术精华的基础上，于题材选择、艺术形式、造型技巧、审美情趣诸多方面都较之有所突破，以鲜明的地域化、生活化为特色，成为具有长江中游地区流域风格的石窟艺术的典范。布局和装饰更加突出地展现了浓郁的地域建筑、装饰风格，反映出佛教艺术“中国化”的不断深入。

第三节　历史沿革

仙佛寺石壁前原有三层木结构窟檐。第一层为牌坊式北向山门，居中为观音堂，前设干栏式吊脚楼伸向河面，三面围以踩花栏杆，南端为僧舍和客房。第二层为钟鼓楼。第三层为大佛殿，具有当地特色的民族式建筑，雄伟壮观。自唐代开凿以来，历史上经过多次维修。据已有资料表明，早在清朝同治五年(1866 年)至道光三十四年(1854 年)之间，仙佛寺曾做过一次大的维修，且增刻了一尊佛像。在后续的时间里仙佛寺经过了大大小小许多次的维修。

1948 年乡绅集资进行了一次维修，屋宇修葺一新，佛像施以彩绘、涂金，并于崖壁刻“仙佛寺”题名，补刻“咸康元年五月”的题字。

1956 年 11 月，仙佛寺被湖北省人民委员会核定公布为湖北省第一批文物保护单位后，由湖北省人民委员会拨款对仙佛寺作了一次维修。

1958 年，成立国庆人民公社仙佛寺保管小组。来凤县为了解决沙坨一带村民的饮水和农田灌溉问题，在酉水河上游引水、修建渠道，在佛像岩壁后开凿隧洞，经摩崖造像背后穿过，导致局部应力释放，改变了原有的应力分布。同时，由于沟渠壁未作防渗处理，水体持续补给周围岩体，使岩体结构软化。随着时间的推移，钙质砂岩胶结物溶解，岩体被破坏。水体的存在使岩体中形成孔隙水压力，减小了岩体的有效应力，降低了岩体的力学强度。直至“文化大革命”前仙佛寺仍然保存完好(图 1-4)。

图 1-4　“文化大革命”前的仙佛寺

“文化大革命”期间，仙佛寺遭到空前洗劫，寺庙屋宇被拆毁，佛像被局部砸损，导致摩崖造像裸露，直接遭受风、雨冲刷及太阳暴晒，风化速度加剧。这是仙佛寺历史上一次严重的破坏。

20 世纪 80—90 年代，当地政府逐渐重视对仙佛寺的保护，投资修建了僧舍、进入佛潭的公路，增修了仙佛寺的盘山小路等，并加宽了寺前台阶，原计划修建一钢筋混凝土仿古建筑，后因故停建。

1989 年 3 月，竖立仙佛寺省文物保护单位保护标志牌。

1989 年 8 月，由来凤县人民政府拨款修复了僧舍，增修了下到仙佛寺的盘山小路的石级和石栏杆。

1992 年 12 月 12 日，来凤县人民政府办公室发文明确“仙佛寺属于古迹文物，由文化部门管理”。

2000 年 7 月 29 日，湖北省人民政府办公厅发文《省人民政府办公厅关于公布文物保护单位保护范围和建设控制地带的通知》（鄂政办发〔2000〕139 号）。

2002 年 5 月 17 日，来凤县人民政府发文成立仙佛寺文物管理处。

2007 年 7 月 10 日，中国文物研究所完成编制《湖北省来凤仙佛寺石窟抢险保护工程设计》；同年 8 月，中国地质大学（武汉）、武汉丰达地质工程有限公司完成编制《湖北省来凤县仙佛寺文物保护工程勘察研究报告》。2008 年 6 月 13 日，国家文物局发文《关于仙佛寺石窟抢险保护工程设计方案的批复》（文物保函〔2008〕571 号）。

2010 年 11 月 17 日至 2011 年 5 月 20 日，实施仙佛寺石窟抢险保护工程，总投资 202.76 万元。工程面积约 2 万 m^2，工程内容包括崖面危岩体刷方、锚杆加固，崖壁苔藻类药物处理和自然处理，崖顶危岩体刷方、危岩体加固、土地平整、排水系统、挡土墙加固等。完成了崖面体刷方面积 $1760m^2$、锚杆加固 30 根，崖壁苔藻类药物处理和自然处理 $1331m^2$，崖顶危岩体刷方 $1\ 254.11m^3$、土地平整面积 $6000m^2$、排水系统总长 350m、堡坎加固 $520m^3$、危岩体加固 $190m^3$。

2010 年 11 月至 2011 年 5 月，实施仙佛寺石窟抢险保护工程，工程内容包括崖面危岩体刷方、锚杆加固，崖壁苔藻类植物化学处理和自然化处理，崖顶危岩体刷方、危岩体加固、土地平整、排水系统、堡坎加固。工程总投资 202.76 万元。由武汉楚天文物古建筑维修中心施工。

2011 年 5 月 10 日，国家文物局发文《关于仙佛寺石窟文物保护规划的批复》（文物保函〔2011〕985 号）；同年 7 月，中国文化遗产研究院完成编制《湖北省来凤仙佛寺石窟文物保护规划》（根据国家文物局批复文件修改）。

2012 年 8 月，武汉地质工程勘察院完成编制《来凤县仙佛寺石窟窟檐复原工程岩土工程勘察报告》，国家文物局发文《关于仙佛寺石窟窟檐设计方案的批复》（文物保函〔2012〕1772 号）；同年 9 月，湖北省文化厅古建筑保护中心完成编制《湖北省仙佛寺石窟文物保护建设工程勘察设计方案》（根据国家文物局批复文件修改）。

2013 年 5 月 10 日至 2014 年 10 月 27 日，实施仙佛寺石窟文物保护工程，实为石窟窟檐复原工程，总投资 1560 万元。

图 1-5 为 2013 年前仙佛寺窟檐的情况。工程建筑物依据湖北省博物馆历史照片及当地土家族吊脚楼等民族建筑，完成石窟窟檐复原工程。±0.000m 以下为钢筋混凝土梁柱，依高低差地形而起。

图 1-5　2013 年前仙佛寺窟檐的情况

±0.000m 以上主体为 3 层钢结构和木屋盖，钢结构外包木板，木装修，油漆为仿古特种漆做旧做法。窟檐总建筑面积 998m^2，建筑总高度 20.4m，共计 3 层。

2015 年 5 月 5 日，湖北省人民政府办公厅发文《省人民政府办公厅关于公布文物保护单位保护范围和建设控制地带地通知》(鄂政办发〔2015〕29 号)，公布了仙佛寺石窟的保护范围和建设控制地带。

2016 年 12 月，中国文化遗产研究院完成编制《湖北省来凤仙佛寺石窟抢险加固保护设计方案》。2017 年 3 月湖北省文物局发布《省文物局关于仙佛寺石窟局部赋存危岩体抢险加固工程设计方案的批复》(鄂文物综〔2017〕65 号)，原则审批通过该方案，并对方案提出修改意见。经修改报湖北省文物局核准后，2017 年 7 月 26 日《省文物局关于仙佛寺石窟局部赋存危岩体抢险加固工程设计方案(修改稿)的核准意见》核准通过。

仙佛寺石窟赋存危岩体抢险加固工程于 2018 年 1 月 8 日开工，同年 9 月 6 日全面竣工。总投资 445.44 万元。本工程主要施工内容包括Ⅰ区主动网挂设，Ⅲ区、Ⅴ区、Ⅵ区挂网喷浆表面处理，老庙室内挡土墙砌筑、老庙北侧Ⅵ区下方焊网喷浆表面处理工作。

2021 年 1 月，山东鸿扬文物保护单位完成编制《湖北省来凤县仙佛寺石窟危岩体加固(二期)工程设计方案》；2021 年 6 月 28 日湖北省文物局发文《省文物局关于仙佛寺石窟危岩体加固(二期)工程设计方案的批复》(鄂文旅函〔2012〕191 号)，原则审批通过该方案，并提出相关修改意见。经修改报湖北省文物局核准后，2022 年 1 月《省文化和旅游厅关于仙佛寺石窟危岩体加固(二期)工程勘察设计方案的核准意见》核准通过。

第二章 保护标志、范围和建设控制地带

第一节 保护标志情况

2013年5月，湖北省人民政府在崖壁上的平顶山门外约50m处，竖立一个全国重点文物保护单位保护标志牌(图2-1)，石质，碑高120cm、宽220cm、厚25cm，碑底座高80cm、宽257cm、厚63cm，上用汉文阴刻：

第六批全国重点文物保护单位	（楷书）
仙佛寺石窟	（隶书）
中华人民共和国国务院	（楷书）
二〇〇六年五月公布	（楷书）
湖北省人民政府	（楷书）
二〇一三年五月八日立	（楷书）

图2-1 仙佛寺石窟保护标识牌

第二节 保护范围

仙佛寺石窟保护范围四至边界如下：

东面由西水河西岸向东延伸25m至河中心，西面由崖壁顶部向外延伸50m至人行道西20m处，

南面由崖壁南端向外延伸 200m 至佛潭大堰涵道出口，北面由盘山石底部北面向外延伸 60m 至北边石塔。

第三节　建设控制地带

建设控制地带范围四至边界如下：

以保护范围四至为界，东面向外延伸至湖北省、湖南省交界处，西面向外延伸至 209 国道东侧 20m 处，南面向外延伸至一大冲沟北侧，北面向外延伸至宣恩县境内一条山沟。

第二篇

仙佛寺石窟赋存地质环境

二、基岩

研究区内主要基岩为白垩系-第三系东湖群中、上部(K-RDn^{2+3}-1)一套内陆盆地、湖相沉积红色砂、泥质岩。在研究区主要可以分为如下3段(图4-2):

图4-2　摩崖陡壁主要岩层分布①

(1)褐黄色薄层状细砂岩夹条带状、断续条纹状钙、泥质粉砂岩(K-RDn^{2+3}-1)。该段岩石结构较致密、性脆,整体岩性不均一。岩体中节理发育,往往成为破碎岩体。岩芯易风化断裂,泥岩常为薄片状。该段岩体主要发育于摩崖造像群的下部。

(2)褐红—砖红色纹层状中厚—巨厚层钙质粉砂岩(K-RDn^{2+3}-2)。该层层理较厚,岩石相对致密坚硬,岩性声音较清脆,能干性强,节理较少发育。该段构成了研究区基岩陡壁的主体,摩崖石刻主要刻于该层。该层同样表现出一定的沉积韵律,因此该岩体可以进一步细化为如下几层。

K-RDn^{2+3}-2(a):该层为一层褐黄色泥岩夹粉砂岩,二者或为互层状。岩性分布不稳定,各处泥岩与砂岩比例变化较大,在石刻下方,砂岩含量增大,而仙佛寺北台阶处以泥岩为主。该层岩体容易风化,局部泥岩风化成球状,砂岩风化相对较弱。岩体强度较低,在岩壁处,由于应力集中(压应力高而水平应力趋于零),岩体中层间裂隙发育,岩体破碎。在仙佛寺北台阶处,层间裂隙主要产状为170°∠70°、60°∠80°、215°∠80°等几组陡倾节理,节理的倾向受局部地形控制(因第三主应力的方向不同而异)。

K-RDn^{2+3}-2(b):为紫红色巨厚层粉砂岩,为一单层。岩体整体性、连续性很好,裂隙发育不明显。该层在摩崖石刻区主要位于石刻脚底部(或龛底)。

现场调查发现,该层厚度大,裂隙不发育。因此,虽然下部K-RDn^{2+3}-2(a)人为破坏比较严重,但是

①引自中国地质大学(武汉)编制的《湖北省来凤县仙佛寺文物保护工程勘察研究报告》(2007年)。

该层对上部文物起着悬臂支撑作用。另外，该层为相对隔水层，导致该岩层顶部层面渗水，岩体长期处于潮湿状态，沿层面杂草丛生，下部苔藓发育。

该层在引水渠道入口处构成了渠道隧道的顶部岩体(图 4-3)。

图 4-3　巨厚层砂岩构成渠道入口顶层

K-RDn^{2+3}-2(c)：为褐红色、褐黄色中厚层—厚层钙质砂岩。该层是整个山体的主体，也是石刻雕刻的具体部位。前期研究表明，该层碎屑物主要矿物成分为石英(40%～45%)、长石(7%～8%)；主要胶结矿物为蛋白石(17%～20%)、方解石(20%～25%)、黏土矿物(8%～10%)。岩石显微定名为钙质、硅质粉细砂岩。

另外，在该层中发育有相对软弱的薄层粉砂质泥岩，在摩崖陡壁上可分辨 2 层，一层发育于佛龛顶部，另一层发育于岩壁顶部。岩壁顶部相对软弱层构成了危岩体滑动的软弱面，研究区局部滑动岩体主要沿该相对软弱层错动。除了上述较明显的软弱层外，还有一些小的软弱层发育，不再详述。

(3)褐灰色、褐黄色薄层状粉砂质泥岩(K-RDn^{2+3}-3)。该层位于钙质粉砂岩(K-RDn^{2+3}-2)顶部，在平面上主要分布于研究区的南停车场一带。该层裂隙发育，岩体破碎，一般风化较强。在地貌上表现为缓坡地形。该层开挖后，极易出现滑坡。该层岩体在摩崖陡壁区没有出露。

第二节　地质构造

来凤县地处鄂西四大断裂带之一的宣恩椒园至咸丰断裂带南缘。来凤县城及其周围为一北东向狭长小型盆地，盆地为一构造断陷盆地。盆地形成于白垩纪中晚期(K_2—K_3)，并受北东向构造控制。

在研究区内，构造断裂发育不强烈，本次调查分析可能有如下几条主要断裂：一个是石窟区西与西水河近平行发育的南北走向山沟可能受断裂控制，而在研究区南近东西向发育的冲沟为另一条断裂。断裂构造位移较小，两盘地层基本连续，断层自身对石窟稳定性影响微弱。

第三节　水文地质条件

造像区下的酉水河属沅江水系，洪水不会没及摩崖造像群。仙佛寺地区水文条件较简单。从岩性特点上看，黏土岩类可以作隔水层；细砂岩、粉砂岩类具有一定的透水性，可看作含水层，如摩崖造像群的脚部崖壁上可见渗水现象，由于长年渗水及生物作用，在佛脚部位可见一条青苔、杂草等生物风化作用明显的风化条带。但从造像所处地块的地貌特点可知，其与河水无联系，地表水流经外围沟壑排出，虽对崖顶南侧有一定冲刷作用，但对崖壁尚无直接危害。

石窟分布区主要的地下水为基岩裂隙水，由于局部特殊的岩土体分布及环境特点，形成了相对复杂的水文地质条件。并在 K-RDn^{2+3}-2与酉水河面之间形成较多渗水点及潮湿区。

除了上述相对稳定的饱和地下水系统外，还存在两个非饱和基岩裂隙水系统。

在摩崖陡壁顶上，地形上出现较多洼地，第四系堆积，不利于地表水体的排泄，导致其滞留并向基岩补给。在 K-RDn^{2+3}-2钙质中厚—巨厚层砂岩中，存在着相对破碎的软弱层，地表水体通过层面向下、向东流动，形成了崖壁窟顶雨季暂时性流水。据了解，在降雨结束以后，该崖壁顶部渗水可以持续一星期以上。该非饱和地下水系统在后面简称为第一非饱和水系统。

另外一个非饱和基岩裂隙水系统补给来源为崖壁内人工输水渠道及就近地表水补给。人工输水渠道在石刻分布区主要位于 K-RDn^{2+3}-2(a)巨厚层紫红色砂岩之上，该层整体性好，裂隙不发育，构成了相对隔水层。据了解，该渠道修建之初(20 世纪 50 年代)，相关人员并未意识到该渠道对石刻严重的破坏作用，没有进行任何防渗处理，水渠长期补给周围岩体，给文物造成了不可挽回的破坏。另外，顺窟顶裂隙向下补给的水体受该巨厚层砂岩拦截，与渠道渗水一起向岩壁排泄，因此在石壁上形成了长期渗水区，导致植物在该巨厚层砂岩上部层面附近生长茂盛。在后面论述中该地下水系统简称为第二非饱和水系统。

总的说来，该石窟地下水系统可以分为 3 个体系：第一个是受西侧山沟和酉水河控制的相对稳定的地下水饱和系统；第二个是摩崖顶部雨季顺层暂时流，该系统稳定性最差，季节变化最大；第三个为受裂隙流和人工渠道补给，由巨厚层粉砂岩控制径流方向的石龛底部长期渗水，其稳定性介于地下水饱和流和摩崖顶部顺层暂时流之间。三者的联系为，第二非饱和水系统补给第三非饱和水系统，第二、第三非饱和水系统补给第一饱和水系统。

第四节　地　震

据《建筑抗震设计规范》(GB 50011—2010)(2016 年版)，该地区抗震设防烈度为 6 度，设计基本地震加速度为 0.05g。由于文物的特殊性，地震设防烈度提高一度，加速度按 0.1g 考虑，相当于 7 度抗震设防烈度。

第五章　岩体的测试与研究

笔者对石窟区出露的主要岩石分别开展了现场测试、室内物理力学参数的测试，并通过岩体分类及反算等方法，综合确定了岩体物理力学参数的取值。

第一节　室内测试

表 5-1 为室内测试到的岩石物理力学强度指标。由饱和抗压强度可以看出，砂岩属于较软岩，泥岩属于软岩。岩石的软化性明显。通过对摩崖陡壁出钻孔岩芯进行测试，得到砂岩的力学指标：饱和抗压强度为 16.06～39.76MPa，软化系数为 0.45～0.73，属于较软岩。泥岩往往呈夹层分布，取样后容易裂解呈片状，从泥质含量较高的砂岩测试成果可以推断，泥岩饱和抗压强度小于 10MPa，属于软岩。

表 5-1　岩石物理力学强度指标

岩性	饱和抗压强度/MPa	重度/(kN·m^{-3})	内摩擦角/(°)	黏聚力/kPa	软化系数
砂岩	16.06～39.76	25	25°～26°	40～100	0.45～0.73
泥岩	＜10		16	14	

注：泥岩呈夹层分布，容易开裂，成片状。

表 5-2 为石窟造像区岩石膨胀性指标。结果表明，砂岩垂直于层面方向岩体的自由膨胀率比平行于层面方向上明显要大。但总体分析，摩崖陡壁石龛区岩体的自由膨胀率较小，结合岩石吸水性测试结果，可以判断摩崖石刻部分砂岩受膨胀因素影响较弱。

表 5-2　石窟造像区岩石膨胀性指标

编号	岩性	取样深度/m	自由膨胀率/%		
			与层理位置关系		
			平行	平行	垂直
Z2-5	钙质、硅质粉细砂岩 K-RDn^{2+3}-2(c)	22.80～23.05	0.023	0.001	0.119
Z2-7		23.40～23.70	0.178	0.100	0.179
Z2-8		24.00～24.30	0.051	0.057	0.123

表 5-3 为摩崖陡壁石龛区岩石崩解性指标。结果表明，摩崖陡壁石龛区岩体的耐崩解性能较差，2 次循环后耐崩解指数为 75.3%～89.9%，3 次循环后为 52.8%～76.3%。这表明干湿交替对于岩体破坏是非常明显的，这与岩石黏土矿物的含量和种类有着直接的关系。

表 5-3　摩崖陡壁石龛区岩石耐崩解测试

编号	岩性	岩芯深度/m	耐崩解指数 ld1/%	耐崩解指数 ld2/%	耐崩解指数 ld3/%
Z1-16	钙质、硅质粉细砂岩 K-RDn^{2+3}-2(c)	24.40～24.55	87.6	75.3	52.8
Z1-20		25.30～25.50	95.2	89.9	76.3

测试结果表明，砂岩中黏土矿物排列，垂直于层面方向岩体的自由膨胀率比平行于层面方向上明显要大，但总体来说，摩崖陡壁石龛区岩体的自由膨胀率较小，结合岩石吸水性测试结果，可以判断石龛砂岩受膨胀因素影响较弱。

第二节　现场测试

现场强度测试采用回弹仪方法，该方法操作灵活方便，不需要专门对岩石进行特殊处理，属于无损测试方法。

一、回弹仪测试原理

回弹仪是用一弹簧驱动弹击锤并通过弹击杆弹击岩石表面所产生的瞬时弹性变形的恢复力，使弹击锤带动指针弹回，并指示出弹回的距离。以回弹值（弹回的距离与冲击前弹击锤和弹击杆的距离之比，按百分比计算）作为岩石抗压强度相关的指标之一，来推定岩石的抗压强度。

回弹值实际反映的是岩石的表面硬度。岩石强度越高，表面硬度也越高，二者之间有一定相关性。岩石表面的碳化也影响回弹值的大小。因此，使用回弹仪测定岩石表面硬度，就可以根据测区岩石强度换算曲线（图 5-1），推测出岩石的强度。

二、回弹仪测试步骤

（1）手持回弹仪，轻压回弹仪使按钮松开，弹击锤伸出仪壳。

（2）将回弹体中心贴紧测试面，对测试面均匀施压。待达到即将脱钩时，调整回弹仪垂直于测试面，然后轻微施压使弹击锤脱钩进行弹击，读取数据。

（3）多次测量取值，回弹点要均匀分布于测试面上，且每两个测点之间距离不得小于 2cm。测试次数根据具体情况进行调整，测试点越多，相对测出的回弹值越精确。

（4）测量数据取平均值，回弹值越大，文物表层强度越大（图 5-1）。

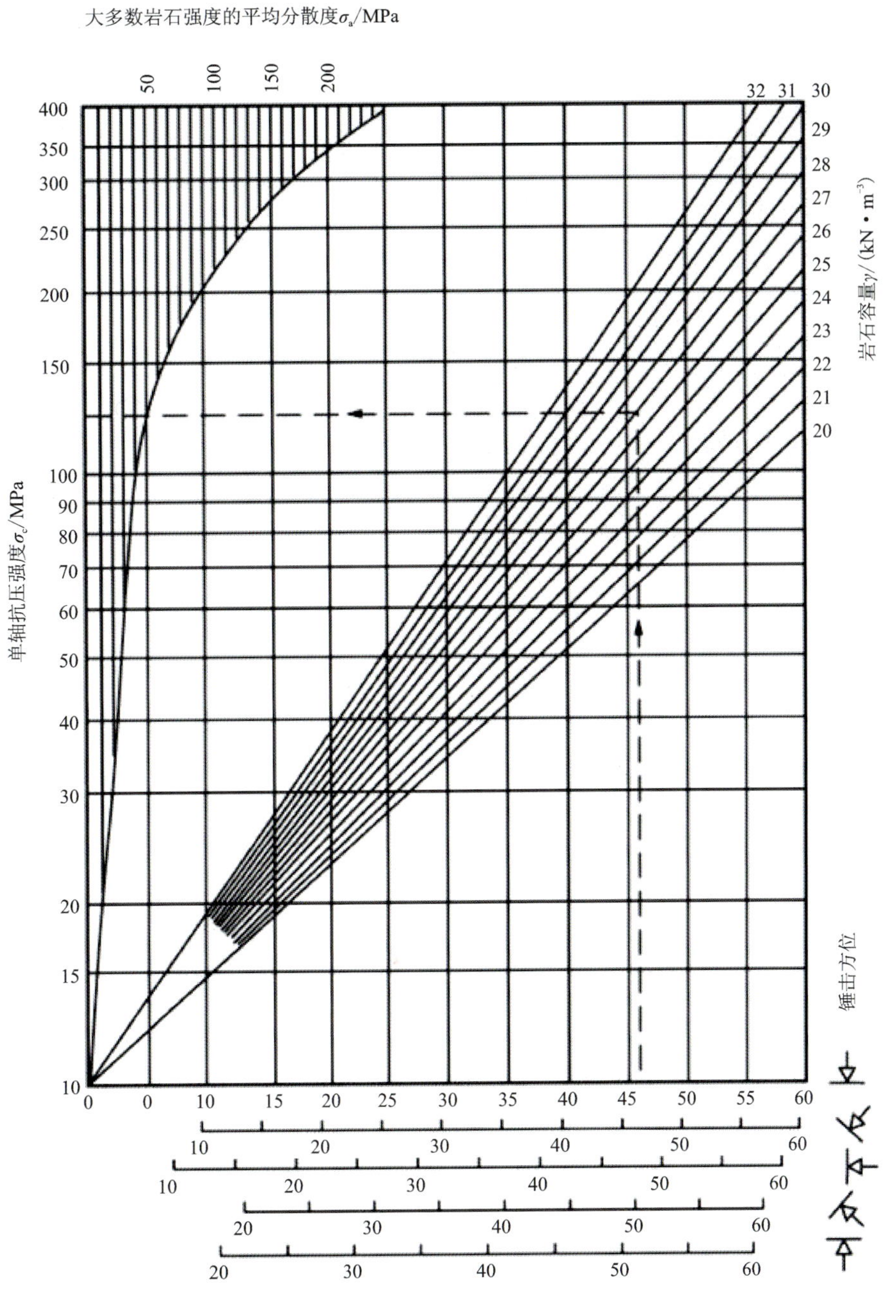

图 5-1　回弹强度换算曲线

三、回弹仪测试结果

表 5-4 是不同岩石的回弹测试结果，表 5-5 为由回弹测试结果换算得到的岩石强度。

表 5-4　回弹测试结果

测点编号		1	2	3	5	6	7	8	16	4	12	13	15	17	10	9	11	14
点位		飞天	飞天	飞天	内山门	内山门	结缘亭	窟右陡崖	窟左走廊	飞天	石窟一楼	挡墙	窟左走廊	观音像	窟右陡崖	窟右陡崖	窟右陡崖	挡墙
岩性		强风化厚层砂岩								中风化厚层砂岩			强风化薄层砂岩		中风化厚层泥岩		边坡加固材料	挡墙材料
回弹测试结果	测量值 1	32	20	31	28	25	22	32	32	36	38	28	26	23	28	36	22	29
	测量值 2	29	27	30	28	23	23	38	27	38	36	38	24	22	30	22	24	28
	测量值 3	30	28	28	28	25	25	32	34	34	28	41	24	21	34	21	22	24
	测量值 4	28	34	34	30	25	24	42	28	36	28	26	27	22	32	36	21	23
	测量值 5	28	32	27	30	22	28	28	28	39	25	25	27	25	36	34	23	29
	测量值 6	28	30	28	23	25	28	38	35	38	40	24	24	28	34	20	21	24
	测量值 7	30	30	32	28	27	28	34	30	41	42	28	21	25	25	28	22	21
	测量值 8	28	32	34	30	23	26	36	28	38	34	40	27	25	28	28	20	31
	测量值 9	32	28	34	23	24	28	35	34	36	36	43	22	23	28	30	20	31
	测量值 10	28	32	34	25	25	30	30	29	38	42	44	32	30	37	32	21	26
	测量值 11	23	28	34	28	24	27	30	22	38	37	38	28	30	25	23	22	24
	测量值 12	30	28	35	30	24	30	34	42	40	44	47	25	23	28	36	24	22
	测量值 13	32	28	26	28	22	28	28	28	34	44	42	36	28	27	34	20	23
	测量值 14	23	28	29	26	24	27	37	28	35	47	32	28	28	35	32	21	20
	测量值 15	27	24	34	27	25	26	36	34	39	44	35	28	30	26	24	23	23
	测量值 16	28	25	27	24	24	27	30	34	38	34	45	26	25	27	36	20	23
备注		垂直于岩壁，平行于水平面	垂直反倾岩层底部，与水平面成 26°角	垂直于岩壁，平行于水平面	垂直于岩壁，平行于水平面	垂直于岩壁，平行于水平面	垂直于岩壁，平行于水平面	垂直于岩壁，平行于水平面，倾向 170°，倾角 10°	垂直于岩壁，平行于水平面	垂直于岩壁，平行于水平面	垂直于岩层层理面，垂直于水平面	垂直于岩面，与水平面成 76°角	垂直于岩壁，平行于水平面	垂直于岩壁，平行于水平面	垂直于岩壁，平行于水平面，倾向 170°，倾角 10°	垂直于岩壁，平行于水平面，倾向 170°，倾角 10°	垂直于岩壁，平行于水平面	垂直于墙壁，垂直于水平面

表 5-5　由回弹测试结果换算得到的岩石强度

测点编号	岩性		平均回弹值	回弹值方差	回弹值变异系数	倾斜角修正值	修正回弹值	单轴抗压强度/MPa	均值
1	厚层砂岩	强风化	28.7	0.90	0.03	0	28.7	44.4	44.15
2			28.7	1.42	0.04	−1.9	26.8	39.6	
3			31.4	2.42	0.05	0	31.4	49.6	
5			27.6	1.28	0.04	0	27.6	41.4	
6			24.3	0.64	0.03	0	24.3	35.2	
7			27.0	1.00	0.04	0	27.0	40.0	
8			33.6	2.37	0.05	0	33.6	55.4	
16			30.5	2.58	0.05	0	30.5	47.6	
4		中等风化	37.5	1.02	0.03	0	37.5	67.4	70.1
12			38.3	3.35	0.05	0	38.3	70.2	
13			36.5	5.26	0.06	2.5	39.0	72.8	
17	薄层砂岩	强风化	25.3	1.95	0.06	0	25.3	37.0	37.8
15			26.2	1.40	0.05	0	26.2	38.6	
9	厚层泥岩	中等风化	30.1	4.11	0.07	0	30.1	44.4	43.8
10			29.6	2.62	0.05	0	29.6	43.2	
11	石窟加固材料		21.5	0.81	0.04	0	21.5	29.0	
14	挡墙材料		24.7	2.10	0.06	0	24.7	39.4	

可以看出，不同风化程度的岩石的回弹强度范围在24～40MPa之间，强度为35～70MPa。由于现场无法得到新鲜的未风化岩石，仅能测试得到强风化、中等风化岩石强度，但也可以看出，风化对强度的影响很大，对于厚层砂岩，强风化强度仅为中等风化强度的63%，降低了很多。

对比不同结构与岩性的岩石强度，岩性对强度的影响较大，中等风化的泥岩强度远远低于中等风化砂岩的强度，大致相当于60%的程度。考虑泥岩崩解性更高，强风化的泥岩回弹值无法测出，其强度更低。同样是砂岩，强风化的薄层砂岩与强风化的厚层砂岩相比较，其强度稍有降低，大概为90%。

此外，现场测试的回弹强度是在较为干燥的情况下测试得到的，由于石窟区砂岩、泥岩的软化性较为明显，测试结果远远高于实验室内测试的饱和抗压强度。

第三节　岩体质量分级

根据现场地质条件及测试结果，参考工程经验，两种岩石质量分级见表5-6。不同风化程度的砂岩与泥岩的物理力学参数可以根据质量分级（表5-6）参照表5-7取值。

表 5-6 砂岩与泥岩的质量分级

岩性	风化程度	质量分级	对应 RMR 值
砂岩	强风化	Ⅳ	30
	中等风化	Ⅲ	50
	微风化	Ⅱ	70
	未风化	Ⅰ	85
泥岩	中等风化	Ⅳ	25
	微风化	Ⅲ	45
	未风化	Ⅱ	65

表 5-7 各级岩体物理力学参数及岩体边坡自稳能力表

级别	密度 $\rho/(g\cdot cm^{-3})$	抗剪强度		变形模量 E/GPa	泊松比 μ	边坡工程岩体自稳能力（坡角>70°）
		φ/(°)	C/MPa			
Ⅰ	>2.65	>60	>2.1	>33	0.2	高度≤60m，可长期稳定，偶有掉块
Ⅱ	>2.65	50～60	1.5～2.1	16～33	0.2～0.25	高度<30m，可长期稳定，偶有掉块；高度30～60m，可基本稳定，局部可发生楔形体破坏
Ⅲ	2.45～2.65	39～50	0.7～1.5	6～16	0.25～0.3	高度<15m，可基本稳定，局部可发生楔形体破坏；高度 15～30m，可稳定数月，可发生由结构面及局部岩体组成的平面或楔形体破坏，或由反倾结构面引起的倾倒破坏
Ⅳ	2.25～2.45	27～39	0.2～0.7	1.3～6	0.35～0.3	高度<8m，可稳定数月，局部可发生楔形体破坏；高度 8～15m，可稳定数日至 1 个月，可发生由结构面及岩体组成的平面或楔形体破坏，或由反倾结构面引起的倾倒破坏
Ⅴ	<2.25	<27	<0.2	<1.3	>0.35	不稳定

注：小塌方，塌方高度<3m，或塌方体积<30m³；中塌方，塌方高度 3～6m，或塌方体积 30～100m³；大塌方，塌方高度>6m，或塌方体积>100m³。

第四节 滑面抗剪强度反算

为了确定泥岩层面的抗剪强度，可以根据新发生的滑坡进行反算。目前该滑坡地面处于后缘地面开裂、前缘挡墙开裂状态，通过钻孔倾斜仪测试，其滑动面已经形成，进入持续蠕滑阶段。可以判断其处于启滑状态，稳定性系数接近 0.95。按照稳定性系数反算方法，得到饱水状态下，泥岩层面抗剪强度参数组合为内摩擦角 12°，内聚力 16kPa。

第三篇

仙佛寺石窟文物保护工程勘察

第六章　石窟造像勘察

在石壁中段，开凿有 3 个大龛，大龛南有 12 个小型佛龛（图 6-1～图 6-3）。3 个大龛中的中龛为仙佛寺摩崖造像之代表。具体保存现状调查如表 6-1 所示。

图 6-1　仙佛寺主要石龛分布全景

图 6-2　仙佛寺主要石龛近景（一）

图 6-3　仙佛寺主要石龛近景（二）

表 6-1　仙佛寺摩崖石窟造像本体保存现状调查表

龛位	造像		数量/个	龛顶至地面高/m	龛高/m	通高/m	描述
北龛	主佛		1	13.6	6.0	5.0	坐佛低肉髻，着双领下垂袈裟，僧祇支着交领衣，结跏趺坐于圆莲座上。右手反置膝上，左手抚膝，为降魔触地印。身后彩绘火焰纹背光
	弟子		2	13.6	6.0	4.0	立于圆莲座上，座前雕出佛壶门，着交领袈裟
中龛	主佛		1	13.85	6.3	5.3	弥勒佛造像，低平肉髻（清代修补为螺髻），着双领下垂袈裟，内着僧祇支。右手残损，左手上举，双腿下垂，为善跏趺坐式。大衣下摆作同心圆式披覆座上。佛座为束腰仰覆莲圆座。身后彩绘头光与身光，边缘饰火焰状
	弟子		2	13.85	6.3	2.8	着袈裟，双手合十侍立，袈裟下摆内束
	菩萨		2	13.85	6.3	3.2	戴高冠，帔帛垂于腹腿之际二道，中间作结，左手下垂，右手上举，右菩萨右手持净瓶
南龛	主佛		1	14.6	6.2	5.0	坐佛着双领下垂袈裟，右手抚膝，左手上举（已经残损）。身后彩绘头光与身光，缘饰火焰纹，同中龛
	弟子		2	14.6	6.2	3.8	着袈裟，双手合十侍立，袈裟下摆内束
其他	双观音	左观音	1	11.3	4.0		立像，破损严重
		右观音	1	11.3	4.0	2.7	立像，着宝冠，帔帛垂于腿际二道，中间作结。胸饰 3 条垂式璎珞，右手持净瓶，左手上举
	小佛龛		18	10.5	2.5～3.0	1.5～2.0	一龛一佛，大部破损

一、北龛

主佛佛身表面岩体风化剥落，佛眼、鼻、耳等局部细节已经模糊。佛嘴处发育一相对软弱层，岩体渗水相对较强。沿该层岩体泛潮，并在岩体表面出现灰白色、灰褐色结痂，颈部沿肩庇荫部位有绿色苔藓生长。

右侧弟子表面风化严重，佛顶出现一小型掉块，佛嘴为层面裂隙，沿该裂隙风化成凹槽状。左侧弟子面部细节已经大部风化脱落。

佛龛内彩饰已经大部脱落，在主佛头耳部以上局部残存。在右侧弟子与主佛佛肩之间彩饰基本保留。在左侧弟子身旁彩饰基本保留。

在佛龛下部植物沿巨厚层砂岩顶部生长茂盛，植物类型主要为茅草、蕨类及苔藓等。

二、中龛

沿主佛头顶、佛肩及佛上腹部发育有 3 条相对软弱层，在佛龛内部造成表面泛潮，出现灰白色结痂。主佛面部有黑色烟熏物，下颚至颈部岩体局部掉块，面部风化相对较弱，表情基本可辨。在佛肩与佛上腹部软弱带之间的风化相对严重，岩体表面剥落。佛右手沿软弱带脱落。两侧 4 个弟子肩部以上均位于两个相对软弱层（或渗水层）之间，岩体掉块严重。主佛右侧第一尊弟子头部岩体大部脱落，仅在颈部残存；第二尊弟子面颊及头部出现小型掉块。左侧第一尊弟子面部两侧及头顶掉块，面部风化严重；第二尊弟子在面部左侧及头顶出现掉块，灰白色结痂沿头部四周发育。

主佛莲花及弟子脚部为巨厚层砂岩层面，沿层面常年渗水，表面有大量的茅草、蕨类等生长。在水、生物和重力等风化营力作用下，岩体掉块严重。

该龛彩饰已经完全风化脱落。

三、南龛

该龛内部顺主佛头顶、颈部及腹部发育 3 条软弱层，风化相对严重，并出现泛潮，表面结灰白色痂，以头顶最为严重。主佛沿嘴部顺层发育一薄泥岩夹层，顺层风化严重，出现小型掉块，有危及头上部岩体的可能。主佛肩岩体出现较大的风化掉块。主佛莲座下方为一泥岩夹层，下为巨厚层砂岩，渗水严重，岩体风化剧烈，局部呈土状。

主佛右侧弟子头部已完全脱落，其正位于软弱层上，一条倾向河的裂隙对造像进行切割，受软弱层的影响风化掉块严重，形成一小型凹槽。在佛脚部位为巨厚层砂岩顶面，顺层面渗水严重，杂草丛生，岩体风化特别严重。石龛内彩饰仅局部残存，大部已经风化脱落。

四、其他龛

双观音造像龛佛像风化特别严重，左侧佛头残存，右侧佛头已经完全脱落。少量彩饰残存。

其余小型石龛破坏严重，不再详述。

图 7-7　卸荷裂隙 BJ03、BJ04

图 7-8　构造裂隙与卸荷裂隙 BJ05、BJ06

在摩崖陡壁上，除 BJ05 为构造裂隙外，其余均属于卸荷裂隙。具体见表 7-2。

表 7-2　石窟分布区主要裂隙

裂隙编号	位置	裂隙性质	描述
BJ01	南龛以南约 15m 上方	卸荷裂隙	裂隙张开 1cm 左右，裂隙面起伏，裂隙近垂直，走向与崖壁一致，形成厚约 1m 的危岩体
BJ02	南龛以南约 6.5m	卸荷裂隙	裂隙张开良好，沿裂隙有植物生长，裂隙近垂直发育；沿裂隙为一危岩体，上、下受软弱层面控制。软弱层风化形成凹槽
BJ03	南龛与中龛之间上方	卸荷裂隙	裂隙面呈弧形凹进山体，北侧岩体已经脱落，形成一空腔
BJ04	中龛上方	卸荷裂隙	裂隙面外倾，下部为一软弱层，岩体崩塌后，上部岩体悬空形成悬臂状，岩体处于极限稳定状态
BJ05	北龛北侧	构造裂隙	裂隙面垂直岩壁发育，形成一局部导水通道，裂隙下方有植物生长
BJ06	北龛上部	卸荷裂隙	该裂隙面近垂直发育，由上、下两段组成，下部张开较好，约 1cm

第二节　裂隙危岩体

造像分布区内发育有 6 条裂隙，除了 BJ05 为构造裂隙外，其余裂隙均形成危岩体，之后各期治理方案中危岩体加固均单独讨论设计。值得注意的是，BJ04 形成的危岩体现已成为悬臂状态，危岩体的稳定性主要依靠其岩石的抗拉强度，危岩体目前已经处于极限稳定性状态，后期治理必须清除，对其稳定性不再讨论。

在目前状况下，影响危岩体稳定性的主要因素为相对软弱层的差异风化，岩体风化形成凹槽，将改变剪切面的强度和剪切面的倾角。具体图 7-9、图 7-10。

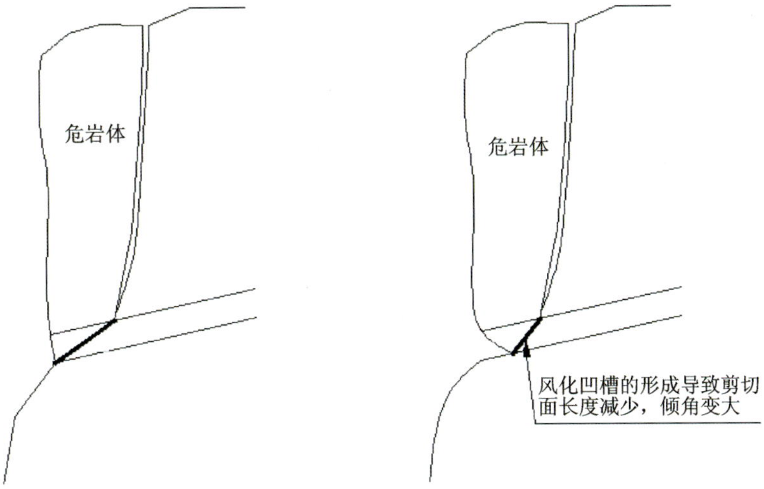

图 7-9　风化对危岩体稳定性影响示意图

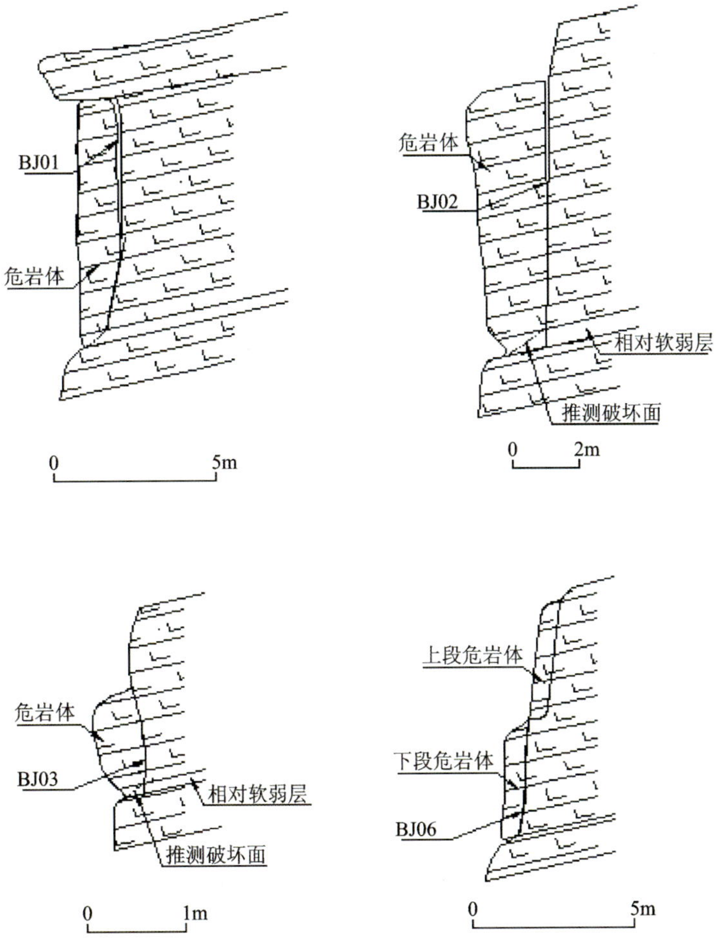

图 7-10　摩崖陡壁危岩体稳定性计算模型

第三节　窟顶滑动危岩体勘察

在摩崖石刻山体顶部发育有5个滑动岩体，编号分别为HT01、HT02、HT03、HT04、HT10。HT04为HT01的一部分，由于近期滑动与HT01裂开。HT01～HT04沿山顶南北向展开，均属于滑动过岩体。其中HT03下方岩体开裂位移，形成2～3条裂缝，造成一悬空危岩体（图7-11），下方为土质滑坡。对HT10，属于历史泥石流形成中的滑来石，其岩层面倾角、倾向与基岩差异明显，底部为松散堆积体或残坡积层，若遇大的雨水或长期雨水冲刷或后缘推动力，均有可能直接滑至进香区，危及香客或下部行人的安全，必须将其清除掉（图7-12）。

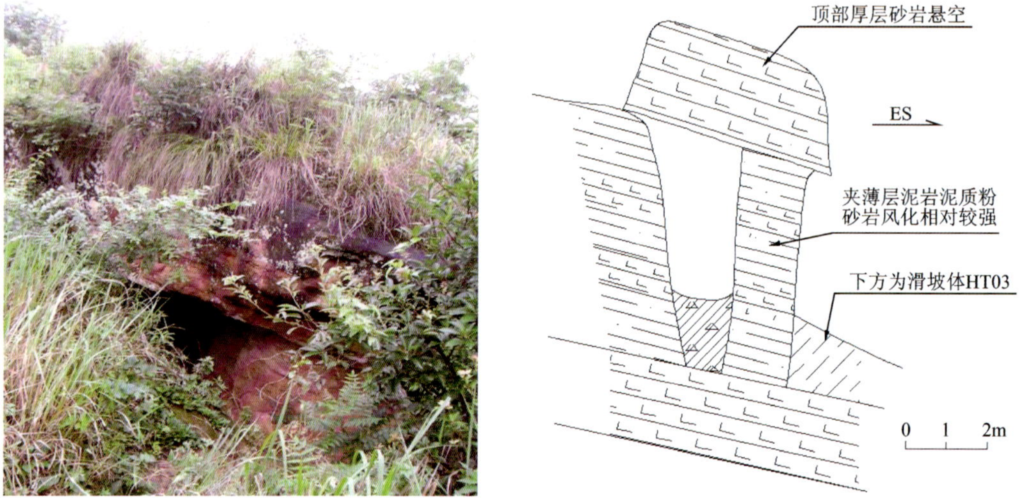

图7-11　危岩体HT03照片及剖面图

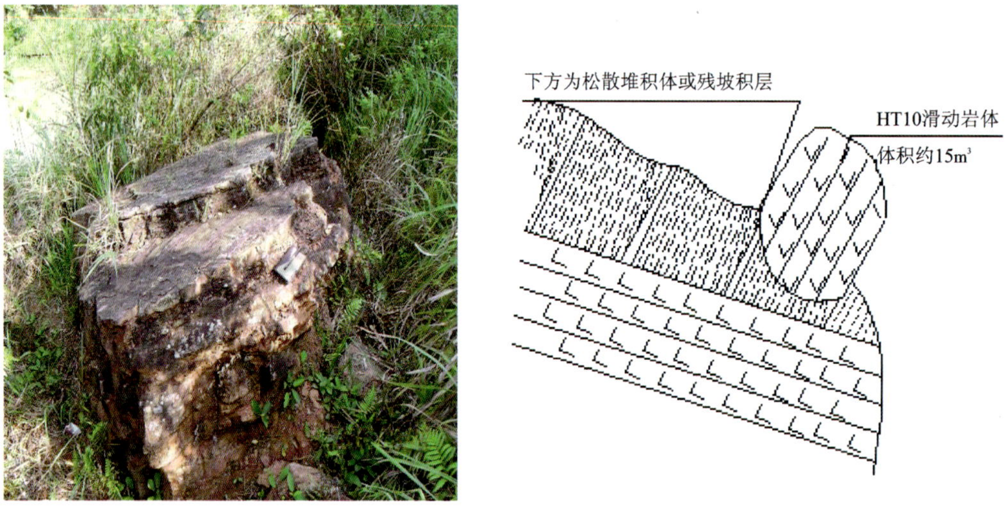

图7-12　危岩体HT10照片及剖面图

崖顶危岩体后部为一洼地，岩体后部堆积有由上部山体剥蚀后向下堆积而成的松散堆积体。从探槽开挖可以看出，该松散堆积体为多期堆积而成，特别是人类活动利用该土体种植庄稼、整平土地等活动，加剧了松散堆积体的堆积速度。松散堆积体的存在必然会对危岩体后背形成一土压力，其方向指向岩体的滑动方向。同时，松散堆积体为危岩体后背孔隙水压力的形成提供了空间，降雨形成上层滞水，上层滞水的形成有利于孔隙水压力 U 和 V 的形成，促进岩体的滑动。

基于上述考虑，在崖顶危岩体稳定性计算（图 7-13）过程中，考虑了后背土压力的作用，则危岩体的稳定性系数采用下式定义：

$$K=\frac{CA+[W\cos\beta-U-(V+E_0)\sin\beta]\tan\varphi}{W\sin\beta+(V+E_0)\cos\beta}$$

式中 E_0 为土压力，这里采用静止土压力：

$$E_{01}=K_0\gamma H_s^2$$

$$K_0=1-\sin\varphi$$

式中：H_s 为松散堆积层厚度（m）；γ 为土体重度，取 19kN/m^3；φ 为土体摩擦角，取 14°。

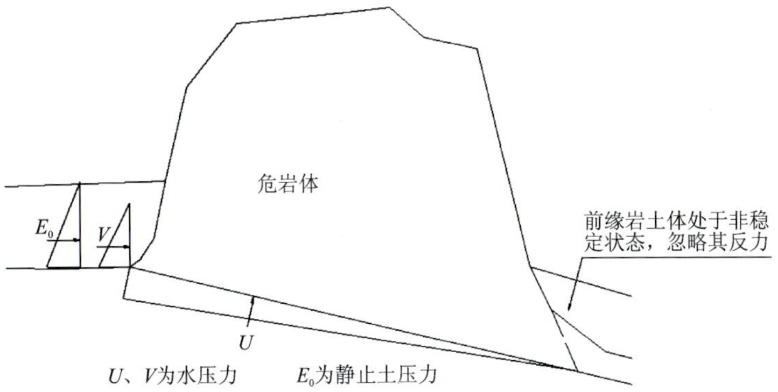

图 7-13　崖顶危岩体稳定性计算示意图

第四节　滑坡病害勘察

一、顺层基岩滑坡

根据地质勘察研究报告，基岩裂隙以层面结构裂隙为主，层面整体倾向为南东向，与崖壁临空面基本吻合，有利于岩体顺层滑体的形成。而岩体中发育的泥岩软弱层强度较低，遇水软化，则构成了顺层滑体的滑动面，这种不利地质条件的组合构成了滑坡形成的有利条件。

这里要特别说明的是：地下水在基岩滑坡的形成过程中起到了重要的作用。渗水一方面在软弱层间起软化、润滑作用；另一方面在岩体后部形成静水压力，给基岩体一个水平推力。这两方面的共同作用促进了山体滑动的形成（图 7-14）。

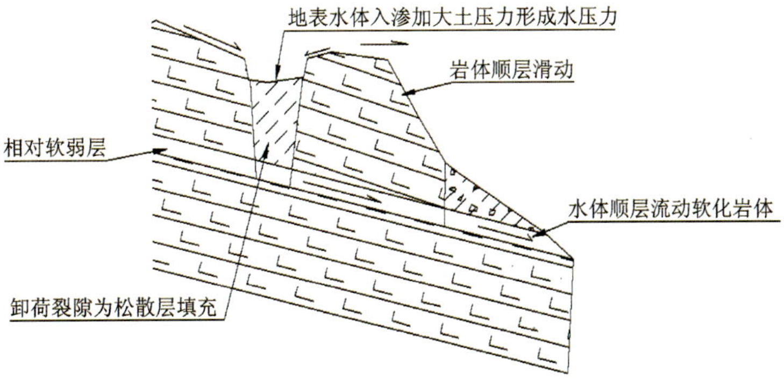

图 7-14　顺层基岩滑坡形成机理

二、堆积体滑坡

堆积体滑坡 HT01 和 HT02 在 1998 年已经基本完成滑动，但目前土质滑坡 HT01 仍有明显变形，其变形的诱因同崖顶洼地具有明显的关系。该洼地四周封闭，雨后积水除部分入渗地下外，其余均通过 HT01 顶部南西侧一排水孔向滑坡排泄（图 7-15），这样在水量很大时，堆积体形成泥石流，在水量不够大时，则滑坡体直接承受水体冲刷，渗透软化滑动面，加速滑坡体发育形成，因此该滑坡的治理应以修建崖顶洼地排水系统为主。

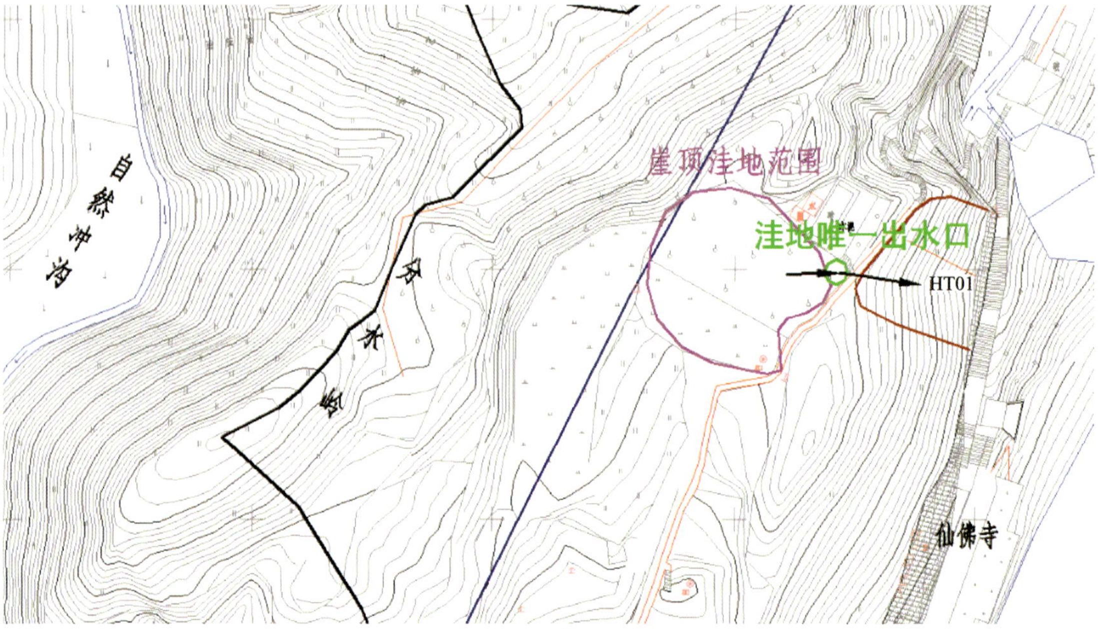

图 7-15　崖顶洼地排水孔与滑坡 HT01 关系

第五节　渗水病害勘察

2007 年前，崖壁造像区域底部存有长期带状渗水区。植物在此层面附近生长茂盛。这个区域的水分来源可能是雨季地表下渗经由基岩裂隙水系统和人工输水渠道渗流造成。为了杜绝其中输水渠道对造像的危害，作为抢救性保护措施，2007 年中国文化遗产研究院编制了《湖北省来凤仙佛寺石窟抢险保护工程设计》，该方案中人工输水渠道防渗部分内容在 2008 年得到实施。实施后，造像底部植被生长情况得到了很大的改善，目前已无草本植物生长，但是底部还是有渗水现象（图 7-16），导致青苔、地衣类微生物生长。据当地管理人员介绍，造像底部的渗水是季节性的，即在下雨后就会有水渗出，并会延续 1 周左右，而不下雨则没有水渗出。根据上述地下水渗流系统可知，目前造像底部出现的渗水为雨季地表下渗经由基岩裂隙水系统造成。

表面渗水主要分布在北部进寺台阶上方岩体。该处顶面为崖壁顶部管理处南洼地，现在为农田。该区域为一洼地，四周山体水体向该洼地汇聚，而向南的天然排水通道被人为堵死（田埂、房屋地基及进山道路），该处成了顶部洼地唯一的地表水体排泄点，导致该处山体渗水严重（图 7-17、图 7-18）。同时，该处渗水也是下方松散堆积层滑坡形成的主要因素。

图 7-16　造像底部渗水情况(2016 年 9 月)

图 7-17　崖顶积水洼地俯瞰

图 7-18　平台下方岩体表面渗水

由于长期渗水,崖顶土体滑动,岩壁岩体风化掉块严重,植物生长茂盛。但是该范围内并无造像存在。岩体崩塌及顶部土体滑动主要危及下方游人的安全。

植物除了在上述表面渗水区发育外,在巨厚层砂岩上部层面,生长茂盛,整体呈带状分布。如前所述,该处渗水区的形成主要受第二套非饱和水系统控制。

另外，在该巨厚层砂岩下部，沿层面人为掏空，形成深度 2.5m 左右的空腔（图 7-19），导致上部巨厚层砂岩悬空，影响上部造像的稳定性。

图 7-19　沿巨厚层砂岩顶部植物生长及空腔区分布

在主要造像南侧约 25m 处，发育有一烟熏区。

第四篇

仙佛寺石窟文物保护工程设计

第八章　保护工程设计方案汇编

第一节　来凤仙佛寺石窟抢险保护工程设计(2007年)

一、设计目的

本方案通过科学的保护治理措施,确保仙佛寺石窟文物本体近期的安全性和稳定性。

二、设计原则

(1)本设计是仙佛寺石窟抢险性保护工程,主要针对近期内直接影响文物与游人安全的文物保护问题进行设计。有关进一步的保护,将在完成文物保护规划后进行。

(2)本设计以文物保护范围内牵涉的文物问题为主,其他范围的问题将在完成文物保护规划后进行。

(3)工程中要坚持科学与工程实际相结合的原则。在勘察期间,对于崖壁危岩体的稳定性分析只能是基于直观观察。因此,在施工期间,脚手架搭设后对危岩体尚需要做进一步分析评价。

(4)治理工程应注意与自然景观和文物本体保护相协调,要坚持不改变文物原状和环境风貌的原则。

(5)在治理工程部位、治理措施、施工方法手段选择等方面要充分考虑文物保护的重要性,不得因施工给文物带来人为损坏。

三、设计内容

本期抢救性保护工程是为了解决仙佛寺石窟安全问题,主要内容围绕威胁仙佛寺石窟安全的危岩体和水患问题进行工作。因此,对于仙佛寺区域范围内的土质滑坡 HT04—HT11、顺层基岩滑坡 JH02 和危岩体 HT05—HT10 暂不处理,待有针对性的详细勘察及保护规划完成后统一治理。

本次保护工程设计主要内容如下:

(1)危岩体工程(崖壁岩体加固、山体顶部危岩体剔除、岩壁面危石刷方、滑坡监测和风化凹槽封护研究)。

刷方原则：尽量保持岩壁面原状，危石小于 $1m^3$ 的松动体酌情刷除，大于 $1m^3$ 则用灌浆或锚杆加固。

4. 风化凹槽加固

仙佛寺下部 K-RDn^{2+3}-2(a)岩层风化发育有一凹槽。目前凹槽被建筑遮挡，分析现状可知暂时对文物不构成威胁，但如果继续风化掏空会破坏上部造像，观察到该层未发现有水渗出，掏空现象主要与潮湿空气和岩体本身岩性有关，治理措施应以封护防止凹槽的进一步发展为要点，考虑采用浆砌块石或混凝土支顶封护凹槽，将对山体景观产生影响，而采用化学保护防风化封护凹槽应该是一个切实可行的方法。由于化学保护方法必须经过严格的有针对性的科学实验研究方能实施，本设计提出对岩体风化问题进行前期研究工作，为下一步工作打好基础。

5. 拆除仙佛寺现有建筑

仙佛寺造像下部目前修筑了简易的僧人临时棚屋住所及烧香祭拜场所，对景观影响很大。同时，加固过程中为安全起见，必须拆除现有这些临时棚屋建筑。

(1)烧香祭拜处：

墙体：$32.1\times2.5\times0.24=19.26(m^3)$

屋顶：$28.1\times4=112.4(m^2)$

(2)僧人住宿处：

墙体：$23.4\times1.1\times0.24=6.17(m^3)$

屋顶：$23.4\times2=46.8(m^2)$

(二)防渗排水工程

1. 引水渠道防渗设计

引水渠道的水体渗漏所导致的水害对文物的影响严重，必须进行治理。考虑在渠道内，防渗层的铺设质量不宜保证，因此本设计采用钢筋混凝土管道替代现有渠道，管道在现有渠道内设置。入口及出口处管道外侧均用混凝土封填堵死，防止水从管道外侧渗入渠道。管道采用柔性接口，以适应山体变形。引水渠的水位控制，由离水渠入口 30m 外的原控水水闸控制，常年过水量保持在 $2\sim3m^3/s$，现水渠全长 206m。

2. 崖顶排水系统修建

来凤县梅雨期降水集中，多连续性降水和大到暴雨。崖顶由于洼地较多，排水不畅，泥土堆积，危及文物和山体稳定性。因此，首先应在汇水面积范围内平整土地，适量清除松散堆积层，夯实顶部，减少下渗。同时，崖顶洼地及危岩体分布范围内修筑排水沟，平整后部约 $1498m^2$ 崖顶地面，微向排水沟一侧倾斜，以便形成较通畅的排水系统。另对地面洼地的处理：如遇农田，应设置凹地出水口，将水导入排水沟。此次所设排水沟全长 119m，走向由山顶向南顺山坡将水排入酉水河，缓解水对部分危岩体的侵蚀作用。山体整体系统排水工程将在规划完成后，进行全面设计。此次设计的排水系统将纳入未来排水体系。

(三)仙佛寺滑坡治理前期工作

根据勘察研究报告，仙佛寺岩体具有整体变形破坏的可能。由于勘察深度有限，目前尚不能进行整体破坏推定，必须采取有效手段，在启动治理工程前，首先要对 JH01 基岩滑坡进行全面地质详细勘察，要查明滑坡范围、规模、地质背景、性质及危害程度，对岩体的变形特性及稳定性作出明确判定，预测其发展趋势。如确属危害性滑坡，要根据滑坡周界、滑动面、滑舌、滑动痕迹及倾角等几大要素确定治理措施。目前要请有资质的专业单位，严密监测岩体的变形特点，设置位移观测仪，要有专人定时监测、记录，直至对滑坡破坏性判定完成，酌情进行下一步工作。

四、施工总体要求

(1)要严格按照施工图和设计要求进行施工，确保工程质量和文物安全。

(2)由于现场情况复杂，对危岩体分布、裂隙延伸情况和地质情况，应在施工过程中根据揭露出的实际情况，对设计做适当的变更。

(3)在山坡施工时，要注意保护文物景观，爱护植被，不得有任何损毁文物的事情发生。

(4)每个施工项目完成之后，凡对文物与自然景观有影响的地方均应做旧处理，做旧材料以就地取材的石料与岩粉为宜。

该方案 2010 年实施。

第二节 仙佛寺石窟文物保护建设工程勘察设计方案(2012 年)

一、设计目的

2011 年，石窟岩体的保护加固工程已经完成，而对于石质文物的风化问题、杂乱无章的环境及相关保护管理问题仍没有很好的办法。因此，恢复仙佛寺的窟檐，再现仙佛寺原有的历史风貌，能有效解决或缓解目前存在的问题，也能更好地保护仙佛寺石窟文物的真实性、完整性，使仙佛寺石窟文物保护工作科学、合理，更好地发挥其在社会主义精神文明建设和物质文明建设中的积极作用。

二、设计原则与指导思想

(一) 设计原则

(1)遵循“保护为主、抢救第一、合理利用、加强管理”的文物保护原则。以恢复仙佛寺窟檐的历史原貌为出发点，强调保护文物的原真性和保护措施的可操作性，提高保护措施的科技含量，对仙佛寺石窟实施保护，确保文物的安全。

(2)本着遗产保护与文化、经济、社会等各方面相协调的原则。统筹考虑文物保护和发展利用之间的关系，注重合理性、科学性、实效性及可持续发展性，使仙佛寺石窟在文化教育、经济发展、群众利益等方面实现多赢。

(3)仙佛寺文物保护与周边自然环境相协调的原则。强调保护与维系现有自然景观风貌，以现有自然生态环境为主，减少进一步的自然侵害和人为干扰，保护、维系自然景观、历史环境氛围，按照国家相关标准，提高文物周边区域的环境质量。

(4)文物保护与民间宗教及民族习俗相协调原则。充分考虑并努力协调文物保护与民间宗教及民族习俗的关系，合理利用文物历史资源、宗教文化资源，加强民族团结，为构建和谐社会做贡献。

（二）指导思想

以文物保护为根本，以保护良好的生态环境为前提，以恢复仙佛寺窟檐历史原貌为出发点，运用现代科学技术手段和设计手法，保护文物风貌，突出特色，健全功能，在确保现存全部文化遗存及其信息安全、真实与完整的前提下，对仙佛寺石窟实施抢救性保护，合理利用文物历史资源、宗教文化资源、自然景观资源，重点加强仙佛寺窟檐功能性保护与环境整治。

三、设计内容

本设计建筑名称：仙佛寺石窟窟檐；建设地点：来凤县翔凤镇关口村。严格按《湖北省来凤仙佛寺石窟文物保护规划》的要求，根据历史记载、历史照片和留在岩壁上的建筑痕迹，对石壁前原有3层木结构窟檐进行原貌复建。总占地面积680m^2左右，总建筑面积(3层)1635m^2左右。全长约为58.5m，宽约为17.5m，建筑高度16.99m；建筑结构形式：主体建筑采用钢构外面包木的框架结构；屋顶加盖小青瓦。设计使用年限为50年；防火设计的建筑分类为二类，建筑物耐火等级为二级，抗震设防烈度为Ⅵ度。其中第一层为660m^2左右，平台临酉水河边建造，供游客参观、聚散用；有牌坊式北向山门，前设杆栏式吊脚楼伸向河面，三面围以栏杆。第二层540m^2左右。第三层435m^2左右，檐廊保护窟龛造像，将石窟佛像尽罩于内，起到防风化作用，这是保护仙佛寺石窟的核心所在。基础部分考虑防震、防潮和承载力等因素，采取钢筋混凝土立柱，一层地面为钢筋混凝土结构。

施工前，首先采取人工拆除降低现有一层平台，对于二层停建混凝土平台上面的立柱采取人工拆除，加固第二层混凝土平台台面，第二层混凝土平台下面的站柱及大梁进行加固。拆除、清理现有废弃、残破的临时建筑及僧房区建筑(本设计方案的建筑风格、建筑面积等依据湖北省博物馆1959年拍摄的历史窟檐照片和来凤县地方县志等资料)。

四、设计标高

本工程±0.000相对的绝对标高为原佛香台面；标高以米(m)为单位，平面尺寸以毫米(mm)为单位，其他尺寸也以毫米(mm)为单位。

五、本工程大木构造部分

木材材质：梁柱枋用材均为一类松木。承重结构用材分为原木、锯材(方木、板材、规格材)。用于普通木结构的原木、方木和板材的材质等级分为三级；用作屋面板、楼面板和墙面板的木基结构板材及用作梁或柱的结构板材的强度均应满足《木结构工程施工质量验收规范》(GB 50206—2012)的规定。

六、大木制作

（一）柱类构件制作

1. 施工准备

按照设计要求，选好柱料，确定上、下头。根据排出的丈杆适当留荒进行打、截料。

2. 主要工序

（1）在柱料两端直径面上分出中点，吊垂直线，再用方尺画出十字中线。

（2）圆柱依据十字中线放出八卦线，柱头按柱高的 7‰～10‰收分；然后根据两端八卦线，顺柱身弹出直线，依照此线砍刨柱料成八方；再弹十六瓣线，砍刨成 16m^3，直至把柱料砍圆刮光。

（3）弹画柱身中线，按优面朝外的原则，选定各柱位置，并在内侧距柱脚 30cm 处标记位置号。外檐柱按柱高 7‰～10‰弹出升线。

（4）按照丈杆及柱位、方向画定榫卯位置与柱脖、柱脚及盘头线，按所画尺寸剔凿卯眼，锯出口子、榫头。穿插枋卯口为大进小出结构，进榫部分卯口高按穿插枋高，半榫深按 1/3 柱径，出榫部分高按进榫的 1/2，榫头露出柱皮 1/2 柱径。卯口宽按柱径的 1/4。额枋口子通常为燕尾口，卯口高按额枋高，宽、深各按柱径的 1/4～3/10。燕尾口深度方向外侧每边各按口深的 1/10 收分做“乍”，高度方向下端每边按口宽的 1/10 收“溜”。各类柱子制作中应注意随时用样板校核。

3. 质量要求

质量要求应符合《文物建筑工程质量检验评定标准》第三章第一节的规定。

（二）梁类构件制作

1. 施工准备

按照设计要求，选好木料，根据排出的丈杆适当留荒进行打、截料。

2. 主要工序

（1）在梁两端画出迎头立线（中线），依据立线方出平水线（檩底皮线）、抬头线、熊背线及梁底线、两肋线（梁的宽窄线）。

（2）将两端各线分别弹在梁身各面。按线将梁身去荒刮平，再用分丈杆点出梁头外端线及各步架中线，用方尺勾画到梁的各面。

（3）画出各部位榫、卯及海眼、瓜柱眼、檩碗、鼻子和垫板口子线。

（4）凿海眼、瓜柱眼，剔檩碗，刻垫板口子，刨光梁身，截梁头。海眼的四周要铲出八字楞，瓜柱眼视需要做单眼或双眼，眼长按瓜柱侧面宽，深按眼长的 1/3。梁头鼻子宽按梁头宽的 1/2，两侧檩碗要与檩的弧度相符。加工完成后复弹中线、平水线、抬头线。按各面宽度的 1/10 圆楞，梁头上面及两边刮出八字楞。在梁背上标写构件部位及名称。

（5）依照样板在老角梁上、下面弹出顺身中线，点画出各搭交檩的中点及里、外由中线，再用斜檩碗样板画出檩碗，然后锯挖檩碗，凿暗销眼，钻角梁钉孔，加工角梁头尾。

(6)按样板制作仔角梁,钻角梁钉孔,加工梁头梁尾,锯挖檩碗。在两侧金檩外由中的外金盘线至老角梁头六椽径处剔凿翼角椽槽。复弹各线,标记位置号。

3. 质量要求

质量要求应符合《文物建筑工程质量检验评定标准》第三章第二节的规定。

(三)枋类构件制作

1. 施工准备

按照设计要求,选好木料,根据排出的丈杆适当留荒进行打、截料。

2. 主要工序

(1)在枋料两端弹出迎头中线,依设计要求的截面尺寸找方,弹线刨光。
(2)在枋身上、下面弹出顺身中线,按丈杆分别标出面宽、净面宽及加上榫长的满外尺寸线。
(3)依照顺身中线,用抽板从柱头卯口讨退确定枋肩及榫头形状尺寸。
(4)截去长荒,开榫,断肩,刮刨圆楞,复弹中线,在枋身上面标写位置号。

七、钢构部分

(一)钢材

全部钢材应按现行国家标准和规范保证抗拉强度、伸长率、屈服强度、冷弯实验和碳、硫、磷含量的限值。钢材的屈服强度实测值与抗拉强度实测值的比值不应大于0.85;应有明显的屈服台阶,且伸长率应大于20%;钢材应有良好的可焊性和合格的冲击韧性。焊接承重结构以及重要的非焊接承重结构采用的钢材还应具有冷弯实验的合格保证。

(1)钢柱及连接板:钢号为Q345B。
(2)主梁及连接板:钢号为Q345B。
(3)楼面采用花纹钢板,楼梯采用的钢板和角钢:钢号为Q235B。
(4)柱脚螺栓:钢号为Q235B。

(二)螺栓

(1)高强螺栓性能等级为10.9级,扭剪型螺杆及螺母、垫圈应符合《钢结构用扭剪型高强度螺栓连接的技术条件》(GB/T 3632—2008)的规定;大六角型及配套的螺母、垫圈,应符合《钢结构用高强度大六角头螺栓、大六角头螺母、垫圈与技术条件》(GB/T 1231—2006)的规定;高强度螺栓的设计预拉力值按《钢结构设计规范》(GB 50017—2003)的规定采用。

高强螺栓连接钢材的摩擦面应进行喷丸除锈处理,除锈等级为Sa2,抗滑移系数为$\mu \geq 0.45$并应符合《钢结构高强度螺栓连接的设计、施工及验收规程》(JGJ 82—91)的规定。

(2)普通螺栓采用C级及配套的螺母、垫圈、C级螺栓孔。

（三）锚栓

采用符合现行国家标准《碳素结构钢》(GB/T 700—2006)和《低合金结构钢》(GB 1591—2008)规定的 Q235B 钢材制成。

（四）焊接材料

(1)手工焊接用焊条：Q235 钢采用的焊条型号为 E4315、E4316，应符合现行国家标准《碳钢焊条》(GB/T 5117—2012)的规定；Q345 钢采用的焊条型号为 E5015、E5016，应符合现行国家标准《低合金钢焊条》(GB/T 5118—2012)的规定，所选用的焊条型号应与主体金属相匹配。不同强度的钢材焊接时，焊接材料的强度应按强度较低的钢材采用。

(2)自动焊接或半自动焊接采用的焊丝和焊剂，应与主体金属强度相适应，且其熔敷金属的抗拉强度不应小于相应手工焊条的抗拉强度。Q235 钢和 Q345 钢采用的焊条、焊丝应符合《建筑钢结构焊接技术规程》(JGJ 81—2002)的要求。焊丝应符合现行标准《熔化焊用钢丝》(GB/T 14957—1994)，气体保护焊用碳钢、低合金钢焊丝的焊剂应符合《埋弧焊用碳钢焊丝和焊剂》(GB/T5293—1999)、《低合金钢埋弧焊用焊剂》(GB/T 17854—1999)、《熔化极气体保护电弧用非合金钢及细晶粒钢实心焊丝》(GB/T 8110—2012)及《碳钢药芯焊丝》(GB/T 10045—2001)、《低合金钢药芯焊》(GB/T 17493—2008)的规定。

(3)角焊缝焊缝高度不得小于 $1.5t$(t 为较厚焊件厚度)，不宜大于较薄焊件厚度的 1.2 倍。板件(厚度为 t)边缘的角焊缝最大焊脚尺寸应符合下列要求：当 $t \leqslant 6$mm 时，$h_f \leqslant t$；当 $t > 6$mm 时，$h_f \leqslant t-(1 \sim 2)$mm($h_f$ 为角焊缝的焊脚尺寸)。未注明的焊缝为角焊缝，焊缝高度为 6mm，手工焊引弧板厚度 8mm，焊缝引出长度大于或等于 25mm。

(4)焊接质量等级。全熔透焊缝的质量等级均为二级，并应符合与母材等强的要求。全熔透焊缝的端部应设置引弧板，引弧板的材质应与焊件相同。对接焊缝的焊缝质量不低于二级。梁与柱刚性连时，柱在梁翼缘上、下各 500mm 的范围内，柱翼缘与柱腹板间的连接焊缝应采用全熔透坡口焊缝。坡口形式应符合国家标准《气焊、手工电弧焊及气体保护焊焊缝坡口的基本形式与尺寸》(GB/T 985.1—2008)的规定。

（五）防锈漆

底部采用环氧富锌底漆；中间漆根据防火涂料的特性要求确定；面漆用于构件涂面，并结合建筑要求确定。

（六）耐火极限与防火涂料

钢柱采用的防火涂料，耐火极限不应小于 3.0h；钢梁和钢支撑采用的防火涂料，耐火极限不应小于 2.0h 和 3.0h，主要采用厚涂型防火材料，薄型防火材料的采用根据建筑具体要求确定，满足耐火极限的防火涂料厚度应能满足建筑装修厚度要求。采用的防火涂料应通过检验并得到消防部门认可。

（七）钢结构的加工制作要求

(1)本设计图纸的技术要求是钢结构制作并安装完毕后的最终要求，不包括工艺余量及加工安装偏差，制作安装时应采取必要的措施，使之符合《钢结构工程施工质量验收标准》(GB 50205—2001)。所有钢构件制作前，需足尺放样，校对无误后方可制作，禁止无合格证人员上岗操作。

(2)钢构件所使用钢材、连接材料和涂袋材料应具有质量合格证书，并符合设计文件的要求和国家现行有关标准的规定。

(3)工地安装焊接焊缝两侧 30～50mm 范围暂不涂刷油漆，施焊完毕后应进行质量检查，经合格认可并填写质检证明后，方可进行涂装。

(4)钢构件出厂时，厂方应提交产品合格证明，包含：①变更施工图的文件；②钢材、连接材料及涂装材料质量证明书和试验报告；③梁柱制作质量检查验收记录；④预拼装记录；⑤构件及零配件发运清单等。

(5)钢构件在出厂前不需要涂装的部位：①与混凝土贴合面和埋入部的钢构件；②高强度螺栓连接节点的摩擦面；③柱脚锚固螺栓与柱脚底板；④工地焊接部位及两侧各 100mm，且满足超声波探伤要求的范围。

(6)钢构件安装后需补漆的部位：①接合部的外露部位和紧固件；②工地焊接区域及油漆缺陷部位。

(7)钢构件涂装防锈的要求：①当采用厚形防火涂料时，构件表面除锈后，涂两遍防锈底漆，拟采用无机富锌底漆，干膜总厚度为 75μm；②当采用薄形防火涂料时，构件表面除锈后，涂两遍防锈底漆，拟采用无机富锌底漆，为增强防腐能力，干膜总厚度应在 125μm 以上，然后在其表面刷相应的防火涂料。

八、钢结构安装要求

(1)钢结构在安装施工时，应设置可靠的支护体系。

(2)钢结构在运输、吊装过程中，应采用可靠措施，防止出现变形、失稳和坠落，不允许在受力状态的构件上加焊零部件。

(3)钢结构的安装必须按施工组织设计进行，先安装柱和梁，并使之保持稳定，再逐次组装其他构件，再最终固定并必须保证结构的稳定，不得强行安装导致结构或构件永久塑性变形。

(4)在钢结构单元及逐次安装过程中，应及时调整消除累计偏差，使总安装偏差最小以符合设计要求。任何安装孔均不得随意割扩，不得更改螺栓直径。

(5)钢柱安装前，应对全部柱基位置、标高、轴线、地脚锚栓位置、伸出长度进行检查并验收合格。

(6)未注明定位的柱、梁均为轴线居中。

(7)柱子在安装完毕后必须将锚栓垫板与柱底板焊牢，锚栓垫板及螺母必须进行点焊，点焊不得损伤锚栓母材。

(8)设备预留孔洞必须结合工艺图施工，并以工艺图为准。

九、屋面工程

屋面工程的施工必须按照《屋面工程质量验收规范》(GB 50207—2012)要求实施；本工程屋面防水等级为Ⅱ级，防水层耐用年限为 15 年。

十、外装修工程

外装修工程选用的各项材料的材质、规格、颜色等均由施工单位提供样板，经建设和设计单位确认后进行封样并据此验收。

十一、油漆涂料工程

所有预埋钢铁构件均需涂刷防锈漆 1 道;全部木构件均采用热桐油涂刷 3 遍,与地接触的木件需用桐油煮浸,每道工序要等上次桐油完全被木料吸收后方可进行下次涂刷。所有木制件均为本木色清漆一底二度;木扶手油漆选用调和漆,做法为一底二度;各种油漆涂料均由施工单位制作样板,经确认后进行封样,并据此进行验收。

十二、防虫、防腐处理

所有木构件须做好防腐(虫)处理,刷底色 1 道和油饰 2 道,对不露明部分可采用涂刷或喷淋[方法:使用 OS-1 防腐(虫)药剂(有效成分五氯苯酚],处理 2～3 次。施药后即用塑料薄膜包裹密封 5～7d,以便药剂向木质内部渗透。尔后晾放 2～3d,让药味散尽。如此反复 2～3 次。OS-1 防腐药剂容易渗透木质,可达到较好的防腐效果,也不会引起木质的湿涨干缩等。

十三、施工部署

结合该工程施工条件及古建工程特点,细心组织好流水施工,做到瓦、木、油、石等各工种工序连续均衡施工。

(1)先搭设好施工工棚,清理好场地,创造良好的施工环境和条件。

(2)认真细致地搞好各项施工工作,凡属可利用的材料都要分类存放好。

(3)清理、统计准备可利用的原旧材料数据,着手购买所需各种材料,并细心加工制作。

(4)油漆应在木件及屋面完成后施工。

(5)脚手架应在整个维修工程动工前做好,确保牢固安全。

十四、施工管理

(1)掌握维修原则,注意工程质量。施工中应严格遵守文物维修原则,能够不换的构件应尽量保留,切记大换、大改和大动是文物建筑维修中的大忌。施工中应一丝不苟,精心操作。

(2)熟读设计方案。维修工作开始之前,有关施工人员应对设计图纸和做法说明书认真阅读,领会设计意图和一些特殊的要求。除此以外,应对旧址的文物价值和特征有所了解。

(3)做好施工现场布置。工地各种设施是否合理,直接关系施工安全和文物安全,因此应在施工前予以充分重视。

(4)做好施工记录。施工记录包括两个方面的内容:一方面是日常施工的记录,另一方面是施工中遇到特殊情况的记录。

十五、施工中应注意的事项

（1）施工中要注意防火安全，要制订防火安全措施，确保建筑物的消防安全。

（2）施工材料的选购，一定要按方案落实，确保工程质量。

（3）施工中若发现方案未涉及的问题，施工单位要及时向有关部门报告，未经有关管理部门和设计单位同意，不得擅自施工。

（4）施工时严格按《安全技术操作规程》施工。

（5）检查拆除工程的施工准备工作，各项实施情况不到位不得施工。

（6）施工现场周围设置维护结构，保证现场内无非施工人员进入。

（7）脚手架搭设要有足够的牢固性和稳定性，保证施工期间在所规定的荷载作用下或在气候条件的影响下不变形、不摇晃、不倾斜，能保证安全。外墙采用分段钢管脚手架，室内采用杉木脚手架。

（8）严格施工组织设计搭设脚手架，满足堆料、运输、操作和行走的要求。

（9）行人通行道口、出入口设置安全防护通道。

该方案2013年实施。

第三节　来凤仙佛寺石窟抢险加固保护设计方案(2017年)

一、设计范围和保护原因

（一）设计范围

本次抢险加固工程设计范围为石窟所在的长约360m，高约28m的崖面上（图8-1）。主要是对石窟所在崖体上潜在的危及文物本体和游客安全的危岩险石进行全面治理，不涉及文物本体及其他地质灾害。

图8-1　委托设计范围（2016年9月拍摄）

（二）保护原因

2008 年，来凤县政府沿石窟南侧的岩壁开辟了游路，后出现严重的落石现象。为保证游客的安全，来凤县政府首先在岩壁岩体上布设了被动防护网，但未能实现彻底的安全保障。后又设置了铁丝网拦截长廊（图 8-2）。由图 8-3 可知，崖面的落石现象还是比较严重的。铁丝网长廊的设立起到了一定的保护游客安全的作用，但是也存在一定的隐患。

图 8-2　局部对于危石的双重防护（2015 年 10 月拍摄）

图 8-3　长廊顶部的落石（2015 年 10 月拍摄）

（1）石窟造像下部岩体不断剥落，致使造像岩体的支撑不断减少。而不论是防护网还是铁丝网拦截长廊，都只是针对游客安全而采取的措施。如果不采取一定的保护措施，任由病害发展，最终必定会危及造像的安全保存。

(2)目前的长廊仅覆盖局部道路,而落石的危险存在于整个崖面下部的道路。

(3)国家的传统节假日及每年在6月19日、9月19日期间,一天内的礼佛民众和游客会达到上万人次,这种情况下,人群可能会在长廊外行走,这时落石就会威胁长廊外人群的安全。

(4)崖面上的被动防护网的存在严重地影响了石窟寺的整体环境风貌。

为了彻底排除潜在的安全隐患,来凤文物事业管理局委托中国文化遗产研究院对仙佛寺石窟崖面局部危岩体进行一次全面的排危处理。

二、病害现状及原因分析

(一)病害现状

仙佛寺石窟的主要问题是小块危岩险石的崩落。其主要原因一是植被根劈,二是因为软弱岩层的风化作用,三是崖体的卸荷作用。仙佛寺石窟的危岩险石从位置上及表观形态来看,大概可以分为3种:

(1)位于崖面中下部泥岩层发生的岩体开裂、破碎(图8-4)。

图8-4　崖面岩体破碎严重

(2)位于砂岩层的较大块的危岩体(图8-5)。

(3)位于崖顶的危岩体(图8-6、图8-7)。

这3种危石就规模来看,崖顶的危石软弱岩层的风化剥落涉及面积较大,全长范围的崖顶内都存在。而软弱岩层部位都存在岩体开裂、破碎现象,只是轻重程度不同。

图 8-5　崖面岩体形成的大块危石

图 8-6　保护建筑窟檐顶部岩体悬挑

（二）病害原因分析

第一种危岩体主要发育在褐黄色泥岩夹粉砂岩［K-RDn^{2+3}-2(a)］中，该层位于摩崖陡壁的中下部，东面临空。整体岩性分布不稳定，各处泥岩与砂岩比例变化较大。在石刻下方，砂岩含量增大，而仙佛

图 8-7 悬挑部位掉落的危石击碎窟檐顶部瓦片

寺北台阶处以泥岩为主。勘察钻孔过程中，此层出现漏水现象，因此，在垂直压力和风化(主要是干湿循环)作用下，泥岩极易发生隙发育，岩体破碎，而其间的砂岩风化相对较弱，如图 8-8(a)所示。在此层下部的褐黄色薄层状细砂岩夹条带状、断续条纹状钙、泥质粉砂岩(K-RDn^{2+3}-1)层也有同样机理的病害发生。

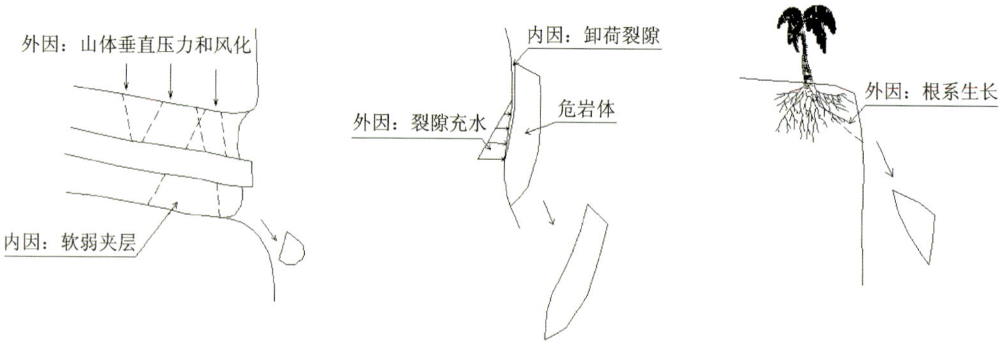

(a)第一类崩塌 (b)第二类崩塌 (c)第三类崩塌

图 8-8 崩塌形成 3 种机理

第二种危岩体主要发育于岩壁上砂岩中，这类危岩体的形成原因主要是卸荷作用。卸荷作用包括两种：一是崖壁抬升过程中的临空面的卸荷[图 8-8(b)]；二是由于下层的泥岩掉落，上层砂岩形成局部悬臂现象，最终因为悬臂体量过大超过其抗拉强度而导致崩落。

第三类崩塌主要发育于岩壁上乔木生长处[图 8-8(c)]，该类裂隙的形成主要是乔木根系的劈裂作用。就仙佛寺石窟整体来说，植被覆盖茂密，顶部及崖壁的均有大量乔木生长(图 8-9)。这些大量存在的植被虽然会起到一定的护坡作用，比如降雨截留、削弱溅蚀、对表层起到了一定的锚固作用，但也产生严重的副作用。①根系的扩散造成岩体中裂缝产生。有研究表明，根据植物树根的生长可产生 100～150N/cm^2强大劈裂压力。崖壁或崖顶距离崖壁较近的植被根系其根劈裂隙的裂缝节理随着根系的生长方向延伸发育，在崖壁部位将崖体处切割出板状或楔形的土体。②裂隙的增加也导致岩层中孔隙率

图 8-9　崖壁植被根系导致的岩块破碎

的增大，结果使得岩层的渗透能力增加，水的膨胀软化作用即静水压力会进一步加剧裂缝的发展，从而导致最终的开裂崩落。③将风引起的动荷载传递给崖壁，也加大了危岩体崩塌的概率。同时，植被根系分泌物活化岩石养分过程，虽然缓慢，但也逐渐导致岩体强度的降低。

3 种崩塌的演化过程如图 8-10 所示。

(a) 相对稳定期　(b) 崩塌期　(c) 新的相对稳定期

图 8-10　崩塌的累进式演化过程

(三)崖面分区

根据保存状况的不同，崖壁设计范围分为 7 个区(表 8-2，图 8-11～图 8-16)。

图 8-14　崖壁Ⅴ区分区

图 8-15　崖壁Ⅵ区

图 8-16　崖壁Ⅶ区

三、保护工程性质、内容及保护原则

（一）性质

根据国家文物局《关于仙佛寺石窟局部赋存危岩体抢险加固工程立项的批复》（文物保函〔2016〕

1013号)，本工程属于抢险加固工程。

(二)内容

仙佛寺局部危岩体加固，即在分析影响崖壁岩体稳定性的基础上，科学地评价岩体稳定性。在遵循文物保护原则的前提下，兼顾仙佛寺石窟作为旅游景区对于游客安全的管理问题，对不稳定危岩体提出科学、合理、经济的治理措施，有效保证文物本体和游客的安全。

(三)保护原则

遵循不改变文物原状、最小干预等文物保护原则，保护文物及其历史环境的真实性和完整性。严格控制工程范围、规模与工程量，避免过度干预。同时，在保护工程实施过程中，注意保持原有地形、地貌和环境特征。

四、加固设计

(一)方案比选

目前，危岩落石防治技术包括主动防护技术、被动防护技术以及主被动联合防护技术3种方式。主动防护技术的防治理念在于增强危岩体的稳定性，阻止其发生崩落，包括支撑、锚固、灌浆、排水、勾缝、清除、封填、喷锚、柔性网格等以及各技术的联合使用；被动防护技术的防治理念在于假设危岩发生崩落，但通过阻止落石到达威胁对象范围而提供防护功能，包括棚洞、明洞、拦石堤、拦石墙、拦石栅栏、落石槽、柔性被动系统、森林防护等；主被动联合防护技术则是指以上各项技术的结合使用。

仙佛寺石窟作为一个全国重点文物保护单位的旅游景点，在保证石窟和游客安全的前提下，需要尽量保证其自然环境风貌。考虑游路就在陡峭崖面(除Ⅰ区外，崖壁基本为垂直方向)脚部，有些被动防护措施(如拦石堤、拦石墙、拦石栅栏、被动防护网、落石槽等)没有实施空间，而有些被动防护措施(如棚洞等)对于环境风貌的改变较大。因此，设计以主动防护措施为主。

在设计主动防护措施时，首先考虑将病害成因去除。仙佛寺危石形成的原因主要有根劈作用、软弱岩层风化作用、卸荷作用。其中，根劈作用可以通过清除相关植被根系来实现；软弱岩层风化作用由于是环境作用的结果，对环境风貌影响较小的防护网是一种治标不治本的方法，岩体会不断产生从外向里的风化破碎现象。因此，需要封护表面，从而减少环境的影响；而卸荷作用则无法去除成因，只能采用一定的工程措施。应注意的是，植被根系的清除固然可以消除其对岩体的负面影响，但同时其对岩体的保护作用也消失，如降雨截留、削弱溅蚀、减缓表面温湿度变化等。对于仙佛寺石窟泥岩夹粉砂岩和粉砂岩夹砂质泥岩这样岩性的崖壁来说，在清除植被后必须考虑采取一定的措施以防止可能的危险。

软弱岩层的风化有两种形态：一种是在崖壁底部K-RDn^{2+3}-2(a)和K-RDn^{2+3}-1层中；另一种是在崖壁中间K-RDn^{2+3}-2(c)层中。崖壁底部的风化由于位置较低，其掉落对于游客无明显的安全威胁。但是如果不采取一定的措施，任由软弱岩体的崩落，会导致其形成的凹腔进一步扩大，最终导致其上部非软弱岩层的断裂，从而引起大的稳定性问题。如Ⅴ-3和Ⅵ区形成的凹腔尚较浅(＜20cm)，而Ⅴ-4区的凹腔已经很深，局部达到了3～4m。崖壁中间的剥落除了会导致上层岩体的断裂外，对游客的安全威胁也很大，如Ⅴ-1区。针对上述两种形态应采取不同的措施。对于目前凹腔已经较大的区域(Ⅴ-4区)，设计块体支挡封护，表面外观处理。这相当于一种可逆措施，对崖体的影响几乎可以忽略不计。对于凹腔尚较浅的Ⅴ-3区，根据《省文物局关于仙佛寺石窟局部赋存危岩体抢险加固工程设计方案的批复》(鄂文物综〔2017〕65号)意见暂不处理。Ⅲ区、Ⅴ-1区、Ⅵ区和Ⅶ区由于位于崖壁中间，工作面条件不允许使用块石砌筑支挡，同时又是游客的必经之路，如果采用主动网防护，则因为仙佛寺石窟的破碎岩体体量很小，常规防护网眼不能保证对其实施全部有效拦截，即使是小于5cm网眼的石头，其危害性也不容忽视，而如果采用更为细小的网眼，则对于整个山体的景观风貌影响较大。因此，在本方案的修改中保留了挂网喷浆的方法。为了减少挂网喷浆对景观风貌的影响，可以采取两种措施：①挂网喷浆表面外观处理；②顶部种植藤类植被下垂遮盖挂网喷浆区域。

对于Ⅰ区，考虑其坡度较缓，防护网可以拦截大多数落石，少量的随时随坡面滚动的危害也较小，因此设计采用主动防护网。

（二）植被清除

1. 植被特点

在仙佛寺石窟360m的崖面上，除了Ⅰ区植被较少，近于裸露状态外，其余6个区的植被分布具有以下共性：植被种类较多；乔、灌木及草本植物混生；各类植被茂盛。整体上来说无明显的区域性。

2. 范围

(1)崖壁。崖壁植被全部清除，包括Ⅲ区和Ⅶ区崖壁。

(2)崖顶。崖顶具有潜在破坏崖体稳定性的植被全部清除，包括Ⅲ区、Ⅴ-1区和Ⅶ区崖顶。由于乔、灌木及草本植物混生，无法精细区分，而这些植被的根系在水平及垂直方向上延伸尺度相差较大，为了保证措施的有效实施，距崖顶边缘5m内的植被全部清除。

Ⅳ区崖顶植被茂密，存在根劈导致岩体破碎崩落的危险，但由于此区域距离造像位置较远，且其底部附近的游路已经完全封闭，因此本次设计不予考虑此区域。

3. 措施

(1)乔灌木地上部分的清除，可直接锯掉或砍掉，然后使用石灰水注入树根，将其杀死。切忌直接开挖树根，避免对岩体造成更大的破坏。腐烂空洞需用砂岩块水泥填补。

(2)植被清除是为保证岩体稳定所做的必要选择。但清理植被会给崖体的环境风貌带来一定的负面影响。为减少这种影响，崖顶植被清理的5m的边界种植当地藤类植物。藤类植被还可以减少降水及风力等对崖体的侵蚀。

4. 注意事项

如在施工清理过程中发现5m外有乔木的根系延伸至5m内，应将其清除。

（三）裂隙灌浆和砌块封护

1. 范围

Ⅴ-4区泥岩层包括3种病害：第一种是泥岩层的凹腔，最深处达到3～4m；第二种是泥岩层中大量裂隙的存在；第三种是泥岩层中所夹砂岩出现的开裂。第二种病害和第一种病害是同一原因在时间顺序上的表现。通常都是在岩体外侧先形成裂隙，然后崩落，接着风化向内侧发展，导致内侧岩体风化开裂，再崩落，再往更内侧发展，周而复始。而随着泥岩形成的凹腔不断向内发展，其上层的砂岩会因为失去底部支撑而开裂。

2. 措施

对于第三种砂岩层中的开裂，使用灌浆方法、充填裂隙黏结岩块；而对于凹腔，为了防止其进一步向内发展，使用砌块封护减缓外界环境对其影响。

3. 材料

(1)块石封护使用砂岩。

强度等级：MU40。

块石材质应坚实新鲜，无风化剥落层或裂纹，无片层状块石，石材表面无污垢、水锈等杂质。

块石要求上、下两面平行且大致平整，无尖角、薄边，块体尺寸长度在 180mm～350mm 间，宽和高的尺寸≥20cm。

(2)砌筑砂浆。水泥砂浆胶结(石灰浆或石灰砂浆的固结速度太慢)砌筑。采用凹缝的勾缝形式。强度等级：M10。

为减少普通水泥所含硫酸盐对于石刻造像的可能不利影响，在满足强度要求的前提下，尽量采用低硫酸盐水泥(SO_3含量<2.0%)。

满足《砌筑砂浆配合比设计规程》(JGJ/T 98—2010)材料要求及技术条件要求。

(3)灌浆材料。目前注浆浆液的分类方法很多。按溶液所处的状态可分为真溶液、悬浮液和浮化液。按工艺性质可分为单液浆和双液浆。按浆液颗粒可分为粒状浆液和化学浆液，其中粒状浆液又分为不稳定浆液如水泥浆液、水泥砂浆，稳定浆液如黏土浆液、水泥黏土浆液；化学浆液又分为无机浆液如水玻璃类，有机浆液如木质素类、丙烯酸盐类、丙烯酰胺类、聚氨酯类、环氧树脂类、脲醛树脂类、甲基丙烯酸酯类、不饱和聚酯类。随着水泥外加剂的出现，又出现了既不属于粒状浆液又不属于化学浆液的复合浆液，如水泥-水玻璃、聚合物水泥、水泥-丙凝、水泥-聚氨酯、水泥-水玻璃-磷酸盐、新型硫木素复合浆液、水泥-丙烯酸盐复合浆液。

对于文物保护行业来讲，有机材料普遍存在耐久性较差、环境危害性较大等问题，因此，倾向于采用无机材料。无机材料中可以用作灌浆材料的包括水泥、水玻璃、黏土等。其中，黏土类浆液保水性强，不易"脱水"，固结时间长甚至不固结，造成结石强度低等缺陷，严重影响灌浆质量。而纯水泥浆稳定性差，易沉淀析水。水泥黏土浆则由于黏土的分散性高、亲水性好，因而沉淀析水性较小，浆液的稳定性得以大大提高。同时，结石率可达 100%。因此设计采用水泥黏土浆。水泥、黏土材料的选择及配比在施工前试验确定，应确保浆液的可灌性，析水率<5%，结石率在 90%以上，结石 28d 抗压强度为 1MPa，初凝时间在 36h 内，终凝时间为 2～3d。为减少普通水泥所含硫酸盐对于石窟造像的可能不利影响，在满足要求的前提下，尽量采用低硫酸盐水泥(SO_3含量<2.0%)。

4. 灌浆施工工艺

(1)使用重力渗透灌浆，要求浆液密实饱满。

(2)为使灌浆材料与裂隙面之间紧密黏合，达到良好的加固效果，灌浆前要将裂隙内部清理干净，并使其保持干燥。首先在顶部沿裂缝走向开槽；然后采用毛刷等清理裂隙周边；接着采用具有一定硬度的钢条、铁丝深入裂隙内部沿某一方向重复刮抠，至感觉无浮土、杂草等为止；如果可能，采用高压气筒等工具对裂隙内部杂质进行处理。

(3)对裂缝进行必要的封闭，防止浆液流出。在灌浆过程中，也应严密监测，如出现漏浆现象，及时进行封堵。

(4)灌浆前应对浆液进行试验。在施工时可以根据以下原则进行相应的调整：①保证工程质量；②尽量节省工程材料；③考虑施工操作效果。

5. 砌筑施工工艺

（1）为了保证块石支挡体的安全有效，块石必须坐落在稳定的基础上。在砌筑时，须清理岩体表面松散物质至微风化层，以便确保块石和岩体的完好黏结。然后从稳定岩体向上砌筑块石，直到设计高度。

（2）毛石每 0.7m^2 面至少应设置拉结石，并应均匀分布，相互错开，在同皮内的中距不应大于 2m。搭接长度不应小于 15cm。

（3）毛石每日砌筑高度不应超过 1.2m。

6. 表面处理

裂隙灌浆及砌筑缝必然会存在颜色和色调同原岩体不一致的现象，从而影响文物的美观，损坏外部形象。而文物保护的一个总的原则是"保护原貌"，因此，需要对灌浆及砌筑缝隙表面进行相应处理，尽量恢复原色调。可采用当地砂岩粉混拌与水泥中勾缝实现，勾缝前应先剔缝，将灰浆刮深 20～30mm，墙面用水湿润，再用(1∶1.5)～(1∶3.0)掺砂岩粉的水泥砂浆勾平缝。

（四）挂网喷浆

1. 范围

崖壁比较破碎范围为Ⅲ区、Ⅴ-1 区、Ⅵ区和Ⅶ区。

2. 原理

在边坡整体稳定性满足要求的情况下，为了解决表层风化、渐进性破坏影响边坡长期稳定性问题而采用的防护技术。

3. 设计依据

挂网喷浆设计属于半经验半理论性质，除隧洞硐室为岩石冲切效应使用力学分析计算外，其余部分均应用构造设计。仙佛寺岩体不存在冲切问题，因此，设计是根据《岩土锚杆与喷射混凝土支护工程技术规范》(GB 50086—2015)、《建筑边坡工程技术规范》(GB 50330—2013)和《水利水电工程锚喷支护技术规范》(SL 377—2007)进行相应的构造设计。

4. 设计参数

长 3m 和 1.5m 的锚钉 B25@2m×1.5m；钢丝网单位 3m×4m；喷射的混凝土的强度等级为 C30，厚度 10cm；伸缩缝每隔 15m 设置 1 道，缝宽 2cm，用沥青麻筋填塞；每级边坡上梅花形布设 3 个排泄水孔，间距 6m，排泄水孔孔径采用 A50mm，深度 0.5m，采用后作法施工。

5. 施工工艺

仙佛寺石窟保护的施工顺序：清理植被→修坡→放线→凿孔→安装锚杆→注浆→挂钢筋网→喷射混凝土→表面处理→植被恢复。

（1）先检查边坡的稳定性，再清除边坡中的松石、危石。

（2）凹凸不平的岩石须大致整平，喷射前应用高压水冲洗，对遇水易溶解、泥化的岩层则应用高压风吹除岩面上的浮渣和灰尘。

(3)凿锚杆孔:采用钻机成孔,按设计的孔位布置进行测量画线,标出准确的孔位,然后按设计要求的孔长、孔的俯角和孔径进行凿孔。

(4)锚杆安装:按照设计规定的锚杆的长度、直径,加工合格的锚杆。

(5)注浆:将符合孔深要求的注浆塑料管插入孔内,距孔底 0.5～1.0m 处,注浆压力不低于0.4MPa,以确保锚杆与孔壁之间注满水泥浆。注浆应由里向外逐步回撤注浆,待孔口稍有溢流现象,即可堵口封死。

(6)挂网:在修好的边坡坡面上,按各坡面设计要求,铺上一层钢筋网,网筋之间用扎丝间隔绑扎,钢筋搭接要牢,挂网时确保有保护层。

(7)喷混凝土:在上述工序完成后,即可喷射混凝土。混凝土的强度等级为 C30,厚度为 100mm,分 2 次喷射,每次 5cm。喷射混凝土表面要求基本平整。

喷射混凝土配合比设计包括常规配合比设计和试喷、调整两个部分:前一部分是依据喷射混凝土的要求,按照常规配合比设计思路,提出基准配合比;后一部分是以基准配合比为前提,在现场调整、验证、确定其配合比。两个步骤互为补充,缺一不可。因此,施工前应进行有关试验,确保技术参数满足相关规范中的要求。

(8)表面处理:为保证外观风貌与环境的协调,可采用当地砂岩粉混拌与水泥中勾缝实现,色调和谐,过渡自然。具体掺量需现场做试验。

(五)主动防护网

1. 范围

范围为Ⅰ区。

2. 措施

根据国家文物局《关于仙佛寺石窟局部赋存危岩体抢险加固工程立项的批复》(文物保函〔2016〕1013 号)和《省文物局关于仙佛寺石窟局部赋存危岩体抢险加固工程设计方案的批复》(鄂文物综〔2017〕65 号)的意见,决定对Ⅰ区采用 SNS 系统进行保护。

SNS (Safety Netting System) 系统是以高强度柔性网(钢丝绳网、环形网、高强度钢丝格栅)作为主要构成部分,并以覆盖和拦截两大基本类型来防治各类斜坡坡面崩塌落石、风化剥落等地质灾害和雪崩、岸坡冲刷、爆破飞石、坠物等危害的新型柔性防护结构,它是一种集构件设计与加工、系统配置设计与定型、现场设计选型、现场布置与施工设计于一体的系统化技术。该系统于 1950 年发明并首先应用于雪崩防护,其后经过不断的实践和探索,该技术在边坡防护领域得到了更为广泛的应用,形成了一种坡面地质灾害防治工程领域内安全可靠、简单易行、环保经济的 SNS 防护新技术,其结构类型也实现了多样化、系列化和标准化,在斜坡安全防护特别是崩塌落石防护领域得到了广泛应用。

3. 设计依据

设计依据为《铁路沿线斜坡柔性安全防护网》(TB/T 3088—2004)。

4. 设计参数

防护网设计采用 GPS2 型。GPS2 型斜坡稳定系统以强度为 1770MPa、经过热镀锌处理的钢丝绳编织成的网孔为 300mm 的钢丝绳网 DO/08/300/4m×4m (或 4m×2m)为主要受力构件,结合经过超强防腐处理的钢丝编织成的 SO/2.2/50 型格栅网组成的双层斜坡稳定系统。

5. 施工工艺

(1)对坡面防护区域内的浮土及浮石进行清除或局部加固。

(2)放线确定锚杆孔位,并在每一孔位处凿一深度不小于锚杆外露环套长度的凹坑,一般口径20cm,深20cm。

(3)按设计深度钻凿锚杆孔并清孔,孔深应比设计锚杆长度至少长5cm,孔径为70mm。

(4)插入锚杆并注浆,在进行下一道工序前注浆体养护不少于3d。

(5)安装纵横向支撑绳,张拉紧后两端各用3个或4个(支撑绳长度小于30m时用3个,大于30m时用4个)绳卡与锚杆外露环套固定连接。

(6)从上向下铺挂格栅网,格栅网间重叠宽度不小于5cm,两张格栅网间的缝合以及格栅网与支撑绳间用φ1.2铁丝按1m间距进行扎结。

(7)格栅网铺设的同时,从上向下铺设钢绳网并缝合,缝合绳为φ8钢绳,每张4m×4m(或4m×2m)钢绳网均用一缝合绳与根长31m(或23m)的四周支撑绳进行缝合并预张拉,缝合绳两端各用两个绳卡与网绳进行固定联结。

(8)用φ1.5铁丝对钢绳网和格栅网间进行相互扎结,扎节点纵横间距1m左右。

(六)游路护栏

1. 范围

范围为Ⅴ-3区。

2. 措施

Ⅴ-2区在仙佛寺建筑外的崖壁整体保存较好,目前有较少的卸荷裂隙形成的小块松散体,即使工程中将这些危石清除,卸荷也是一个长期发展的过程。由于此区域崖体边坡内倾,掉落的岩块不会落到游路上。为了避免过度干预,同时又确保游客的安全,设计Ⅴ-2区仙佛寺建筑外的游路在崖壁这段设置护栏,以阻隔有人到达Ⅴ-2区的下部危险区域。

此设施虽然是针对Ⅴ-2区在仙佛寺建筑外的崖壁所设,但由于Ⅴ-2区是崖体的中间部位,和游路相连的是其下部的Ⅴ-3区,而长度也正好与Ⅴ-3区吻合,故将此项工程内容归至Ⅴ-3区。

(七)工程量小结

工程量小结见表8-3。

(八)施工注意事项

信息法施工是边坡支护的一个特点,为确保边坡安全,要求随时掌握开挖及支护施工整个过程中边坡的动态变化,因此必须在支护施工过程中实施信息法施工。

施工监测包括对环境的保护监测和对工程本体的监测,及时预报施工中出现的问题,并把获得的信息通过修改设计反馈到施工中,以便合理施工。

表 8-3　工程量小结表

分区		搭设脚手架	植被清除		挂网喷浆（含表面处理）	主动网防护	砌块支挡	灌浆	植被恢复	游路护栏
			崖壁	崖顶						
Ⅰ		—	—	—	—	长 60.3m，高 28.2m，面积 1701m²	—	—	—	—
Ⅱ		—	—	—	—	—	—	—	—	
Ⅲ		长 9.8m，高 12m，面积 118m²	长 9.8m，高 6m，面积 59m²，30 株	长 9.8m，宽 5m，面积 49m²，50 株	长 9.8m，高 11m，面积 108m²	—	—	—	10m	—
Ⅳ		—	—	—	—	—	—	—	—	
Ⅴ	Ⅴ-1	长 86.0m，高 30m，面积 2580m²	—	长 86.0m，高 5m，面积 430m²，500 株	长 86.0m，高 8m，面积 688m²	—	—	—	86m	—
	Ⅴ-2	—	—		—	—	—	—	—	—
	Ⅴ-3	—	—		—	—	—	—	—	28.0m
	Ⅴ-4	—	—		—	—	长 58.0m，高 9.7m 范围内的凹腔，体积 218m³	长 58.0m，高 9.7m 范围内裂隙，体积约 20m³	—	—
Ⅵ		—	—	长 67.7m，高 2m，面积 136m²		—	—	—		
Ⅶ		长 17m，高 15m，面积 255m²	长 17m，高 9m，面积 153m²，50 株	长 17m，宽 5m，面积 85m²，80 株	长 15m，高 15m，面积 225m²		—	—	17m	—
小计		2953m²	212m²，80 株	564m²，630 株	面积 1157m²	面积 1701m²	体积 218m³	体积约 20m³	113m	28.0m

（九）管理注意事项

在日常的管理中，要注重维护。对游路沿线崖壁及崖顶加强养护，及时发现新的险情，调查落石灾害演化特征，预测发展趋势，及时清理或支护，以免造成灾害。

五、滑坡监测

（一）监测的必要性

仙佛寺所在山体沿崖壁面平行发育了一组北西方向的卸荷裂隙 J02、J03、J06，其中各裂隙距离岩面的最近距离 J02 为 47m，J03 为 36m，J06 为 63m。

另据文物部门多年观察，1998 年 7—8 月连续降雨时，曾在位于 J02 和 J06 之间，距岩壁约 57m 的农田中出现过一条平行崖壁的裂隙，图 8-17 即为当时所摄图片，后该裂隙被农耕掩埋。裂隙发育的深度、走向等信息没有文档记录。

图 8-17　崖顶洼地雨季裂隙张开（1998 年 7 月，裂缝长 70 余米，宽 20～30cm）

从地质构造来看，石窟所在陡壁的形成至少经历了 3 次地壳抬升，每次抬升后必然会发生多次山体整体卸荷，导致卸荷裂隙大量存在。卸荷裂隙的存在给降水提供了渗入通道，软化了岩体，同时增加了静水压力。从地层分布看，中下部泥岩夹层极易崩解，来凤降水充足，卸荷裂隙又提供了渗水通道，因此容易形成滑面。同时，整个山体又顺层倾向于崖壁临空面，各种不利的地质条件综合作用将可能导致山体整体失稳。对于山体整体的变形，通过一次调查很难得出准确结论，只有通过长期变形监测（地表变形、地下变形等），才可以解决山体是否发生整体变形、滑动面位置等问题。

同时，根据《湖北来凤县仙佛寺石窟文物保护工程勘察研究报告》，仙佛寺所在的崖体存在 HT01～HT11 共 11 个土质滑坡、JH01～JH02 共 2 个顺层基岩滑坡和 HT01～HT10 共 10 个危岩体。在 2007 年的《湖北省来凤仙佛寺石窟抢险保护工程设计》中，根据委托内容，主要对距离仙佛寺石窟本体较近威胁到石窟安全的危岩体（HT01～HT04、HT01～HT03）进行了设计：剔除 HT03 和 HT04，HT01～

HT02，HT01～HT03 是通过结合山体排水，减少水对滑动面的浸润来实现稳定的目的。对其余可能滑坡提出了监测的建议。但由于种种原因，一直未能实施相关监测。目前，这些滑坡体依然存在，而且随着南侧游路的开辟、游人数量的增加，可能的危害程度也显著增加。

综上所述，需要对仙佛寺崖体实施变形监测以确保石窟和游客的安全。

（二）变形监测设计原则及内容

变形监测是对被监测的对象进行测量，以确定其空间位置及内部形态随时间的变化特征。通过监测变化过程，可以分析和评价变形规律，预测边坡发生破坏的时间和空间，并及时采取措施，达到防止或减轻边坡破坏所带来的灾害损失的目的；根据边坡变形与各种因素之间的关系及变形的差异性，确定引起滑坡破坏的主导因数和原因，为滑坡的防治设计提供依据。因此，科学、准确、及时地分析和预报变形情况，对确保崖壁的稳定保存极为重要。

变形监测设计原则应由有资质的专业单位编制监测方案，布设监控设备。本方案仅提出基本要求。

1. 监测设计原则

（1）重点突出、全面兼顾。这个原则包含两个方面的意思：①监测项目上，需要考虑影响边坡稳定的因素有很多，如大地位移测量、裂缝伸长测量及压力测量等。由于对所有的监测项目都全面监测是不可能的，所以只能对反映指标和主要影响因素进行重点监测，既达到监测目的，又不违背工程需要。②监测点的布置上，为了保证监测不留死角，除保证监测点一般部位布置外，要优先重点布置边坡的关键部位。

（2）及时有效、安全可靠。监测系统的埋设、观测、整理分析监测资料和反馈监测信息 4 个方面缺一不可，还必须及时进行，以便能够及时反馈情况指导生产。要选用可靠的监测仪器和测量方法，还要保证其在安装和测量中的安全性，最终保证获得的数据合理、可靠。

（3）方便易行、经济合理。监测系统在使用上必须保证长期性，这就要求仪器使用寿命长且不易损坏，监测系统的现场使用要满足简单易行，便于操作和分析的要求。在这个前提下监测系统还要既满足工程需要，又尽可能考虑造价，尽量经济适用。

（4）多层次监测原则。①以边坡表面位移监测为主，兼顾其他监测内容；②以仪器监测为主，并辅以人工巡视检查。

2. 监测内容

监测内容包括地表的水平位移和垂直位移、深部钻孔测斜、地表倾斜、地表裂缝、土体或岩体应力、水位、降水量等。巡视检查内容包括边坡是否出现裂缝以及裂缝的变化情况（裂缝的深度及宽度）、是否出现掉渣或者掉块现象，坡顶地表有无隆起或下陷，排、截水沟是否通畅，渗水量及水质是否正常等，并做好巡视记录。根据临界稳定阶段、滑坡蠕变阶段、快速滑动阶段这滑坡的 3 个阶段设计相应的监测精度、监测周期、监测频率、预警阈值。

总之，通过定势、定性、定量的角度对监测数据、宏观破坏现象进行相应的趋势分析和综合判断，从而确定边坡面移动的大小和分布，移动的过程、规律，滑动面位置、形状，滑体的大小、滑动方向。

该方案 2018 年实施。

第四节　来凤县仙佛寺石窟危岩体加固（二期）工程设计方案（2020 年）

一、地质病害特征与稳定性分析

经过前期多次保护治理工程的实施，石窟区部分地质病害已经消除或部分缓解，目前仍存在或新发的主要地质病害（灾害）分别有石龛及崖壁渗水、生物、风化、滑坡、卸荷带变形破坏和引水隧洞渗水破坏等。石龛及崖壁渗水、生物主要分布于石窟造像的下部，与隧洞渗水有直接关系，风化则是石窟不可避免的长期性问题。本节重点分析滑坡、卸荷带变形破坏等地质病害（地质灾害）特征及其对龛与崖壁渗水、生物等的影响。

（一）滑坡

本次调查过程中新增一处滑坡，规模较大，发展较快，威胁较为严重，其工程地质平面图与剖面图见图 8-18 与图 8-19。为方便表述，将该滑坡标记为 NS01 滑坡。

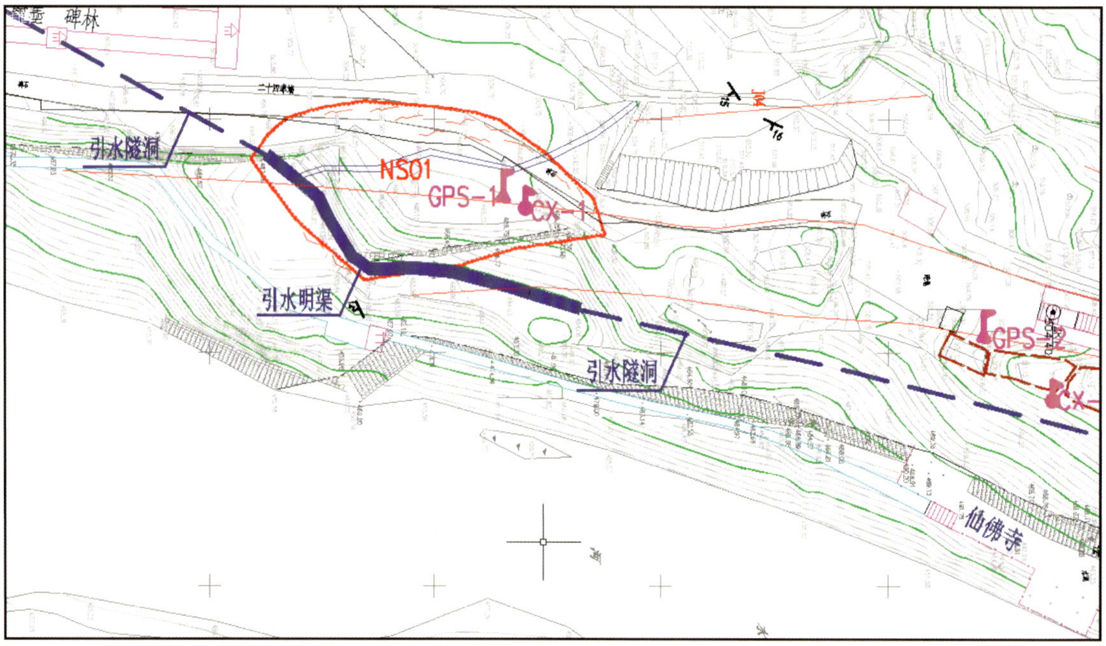

图 8-18　NS01 滑坡工程地质平面图

1. NS01 滑坡特征

NS01 滑坡位于石窟南侧的陡崖顶部，距石窟寺 90m，后缘沿公路内侧的排水沟，左、右两侧总体以两条冲沟为界，前缘直抵陡崖中部的引水渠下方。滑坡前缘高程 478m，后缘高程 499m，前后缘高程 21m。滑坡宽 88m，长 40m，平面面积 $2400m^2$。

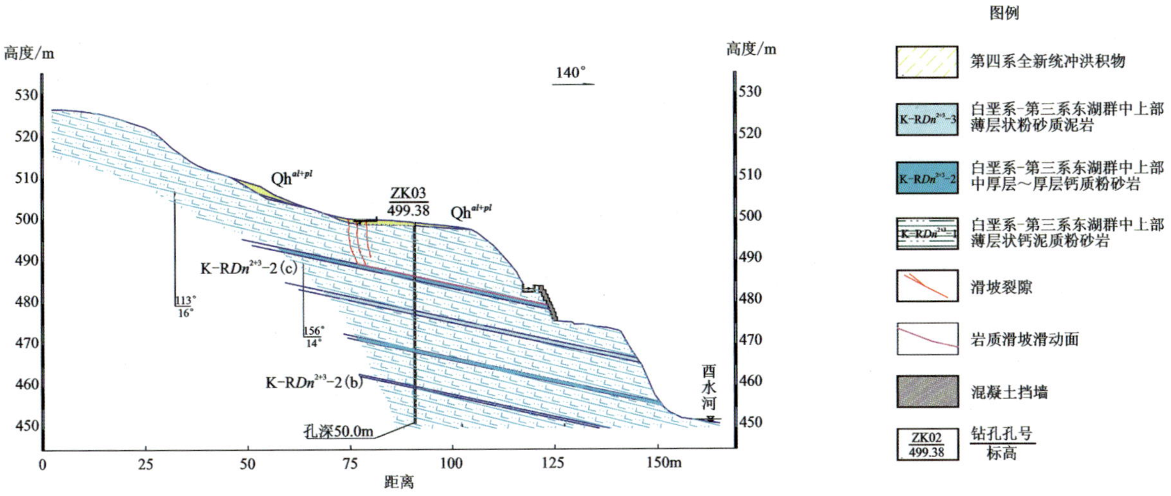

图 8-19　NS01 滑坡工程地质剖面图

前期勘察资料显示，该处并没有标注滑坡灾害。从发生的时间看，该滑坡开始于 2018 年前后。在 2018 年的文物保护治理工程中，曾在陡崖顶部布置了 GPS 地表位移监测点与地下位移监测孔各 3 个。1 号 GPS 地表位移监测点(GPS-1)与 1 号地下位移监测孔(CX-1)就位于该滑坡体内，距离主滑线 10 余米。CX-1 的监测结果图 8-20。据《来凤县仙佛寺地质灾害监测测斜报告》，该孔 2018 年 6 月 6 日为初始测试。由测试曲线可以看出，在深度 13.5m 处形成了稳定的滑面，对照钻孔岩芯，该处为泥质砂岩夹层，较为破碎。另外，在深度 41～44m 处也形成蠕变带。

图 8-20 为滑动面相对位移-时间曲线。可以看出，2 年多的时间里滑面上下错动速率基本保持不变，进入 2020 年，错动速率略有增加，这说明滑坡仍在发展过程中，不仅没有稳定下来，而且有加剧趋势，需要及时进行治理。

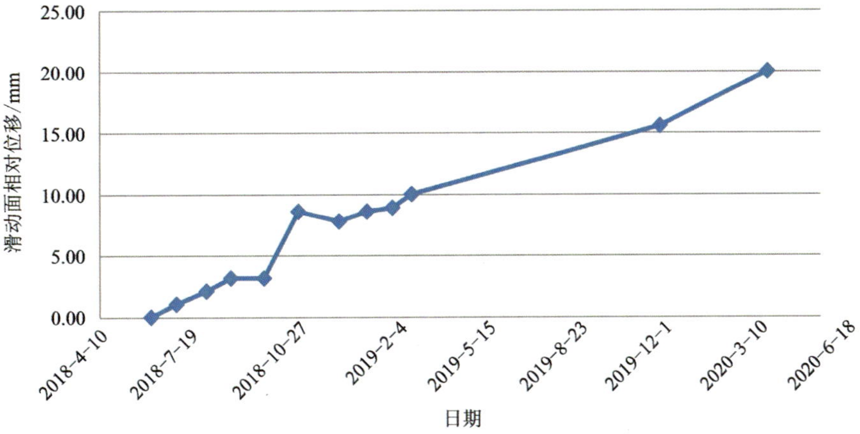

图 8-20　滑动面相对位移随时间变化曲线

在地表上，该滑坡特征明显。其后缘位于公路上，形成了弧形分布的多条地面裂缝，图 8-21。弧形开裂带内公路路面下沉明显，右侧进行了多次路面修补，仍在开裂、下沉。公路外侧的栏杆也出现了一些错位、公路里侧的排水沟也发生开裂(图 8-21～图 8-23)。

该滑坡前缘为引水渠，为明渠形式，引水渠外侧是一堵混凝土挡墙，由于引水渠曾出现垮塌，由水利部门恢复引水渠时所修建。该挡墙高 9m，分 9 个台阶修建，直接坐落在砂岩之上。目前在上部 3 个台阶出现了开裂现象(图 8-24)。

图 8-21 滑坡后缘的地面开裂

图 8-22 2020 年 5 月刚修补的路面又发生了开裂与下沉

图 8-23　护栏与排水沟的开裂

图 8-24　前缘挡墙及开裂情况

$V_i=\frac{1}{2}\gamma_{wi}(H_i^2-H_{i+1}^2)$；$\gamma_{wi}$ 为第 i 条块水的容重（kN/m^3）；H_i 为第 i 条块水位线与滑动面的高差（m）；其余符号意义同前。

（3）自重＋地震工况。

滑体在自重作用和地震作用工况下的稳定性系数K_f按下式计算：

$$K_f=\frac{\sum_{i=1}^{n}[W_i(\cos\alpha_i-A\sin\alpha_i)\cdot\tan\varphi_i+C_iL_i]}{\sum_{i=1}^{n}W_i(\sin\alpha_i+A\cos\alpha_i)}$$

式中：A 为地震加速度系数；其余符号意义同前。

（4）自重＋暴雨＋地震工况。

滑体在自重作用、暴雨和地震作用工况下的稳定性系数K_f按下式计算：

$$K_f=\frac{\sum_{i=1}^{n}\{[W_i(\cos\alpha_i-A\sin\alpha_i)-U_i-V_i\sin\alpha_1]\cdot\tan\varphi_i+C_iL_i\}}{\sum_{i=1}^{n}[W_i(\sin\alpha_i+A\cos\alpha_i)+V_i\cos\alpha_1]}$$

式中各符号意义同前。

3）计算参数

根据现场测试、室内测试、经验数据与滑坡反演参数，综合确定该滑坡稳定性计算参数，见表 8-4。

表 8-4　计算参数

项目	计算指标		单位	参数取值
滑面参数	内摩擦角	天然状态	(°)	15
		饱和状态	(°)	12
	内聚力	天然状态	kPa	20
		饱和状态	kPa	16
	滑面倾角		(°)	12
滑体容重	土质滑体	天然状态	kN/m^3	19
		饱和状态	kN/m^3	22
	岩质滑体	天然状态	kN/m^3	24
		饱和状态	kN/m^3	23
地震烈度设计参数	地震烈度		—	Ⅵ度
	水平地震系数		—	0.05

4）计算结果与滑坡稳定性评价

各工况下滑坡稳定性系数计算结果表 8-5。可以看出，除工况 1 情况下，滑坡稳定性系数为 1.244 8，处于基本稳定状态，其他工况下，滑坡稳定性系数都小于 1.0，处于不稳定状态，需要进行加固才能保证滑坡的稳定，否则其后果严重。

表 8-5　稳定性计算结果

工况编号	自然条件	稳定性系数K_f
工况 1	自重条件	1.244 8
工况 2	自重＋地震条件（地震烈度Ⅵ度）	0.913 7
工况 3	自重＋暴雨条件	0.943 4
工况 4	自重＋暴雨＋地震条件（地震烈度Ⅵ度）	0.857 2

（二）卸荷带变形破坏

1. 卸荷带特征

仙佛寺斜坡卸荷严重，形成了沿河谷分布的卸荷带。卸荷带沿石窟后缘陡崖顶部呈长条形分布，长200余米，宽80～100m，西侧边界由几条地裂缝构成最外层轮廓线，北侧以隧洞入口陡崖为界，南侧到达陡坎结束处。平面面积约1.5万m^2。

该卸荷带岩体不断在发展之中，岩体出现不同程度的变形，形成变形体。变形体底界以隧洞渗水影响的高程为基准，从地裂缝J02和J03的分布深度判断，变形体已经深达40～50m，体积达40万m^3以上，是石窟区规模最大的地质灾害隐患点。

变形体特征：地表变形量大、向下部逐渐减小。这可以从3个深部位移监测结果验证。除CX01显示在13.0～13.5m深度处已经形成明显的浅层滑面、CX03显示表层岩土有较明显变形外，其他结果都显示从深部向地表向坡外的位移越来越大，符合边坡卸荷变形的特征，并且还处于继续发展的阶段。

此外，CX03也显示地表浅层岩土体变形明显超过下部，也说明在边坡整体变形的同时，部分位置浅部还存在不同高度的次级变形体，出现差异化变形错动。CX01处的NS01滑坡就属于这类情况。由于各地裂缝深度已经明显深达次级变形体之下，卸荷带主变形与次级变形呈现出既各自发展又有一定同步和联系的特征。

在本次勘察过程中，针对岩体卸荷还发现了一些新出现变形破坏迹象，主要有2处。第一处位于山顶广场通往下方石窟的陡崖处，即引水隧洞入口的上方。该处原为一断层带，目前沿断层带的西侧出现新的错动，形成新的破裂断面。其上部为早前修建的堡坎，也同步出现了开裂，图8-28(a)。第二处位于石窟造像的下方，该处为K-RDn^{2+3}-2 /K-RDn^{2+3}-1界线附近，出现了沿层面的错动迹象，图8-28(b)。错动面之上为较为干燥的岩石，之下较为潮湿，苔藓滋生。

2. 卸荷带变形体成因与影响因素分析

石窟区边坡岩体发生严重的卸荷，在前期就有明显的特征，早期出现的与边坡走向平行的多条地裂缝即是很好的证据。从内因的角度分析，卸荷带发育与变形主要由以下条件决定：

(1)从地壳活动性来讲，根据阶地发育情况可以看出，该区域第四系至少发生了3次较大规模的强烈地势抬升，由于该处正好以较为坚硬的砂岩为主体，从而形成了高陡斜坡及陡崖，既为进行摩崖造像提供了先决条件，也为地质灾害的多发埋下了伏笔。

(2)从地形上来看，高陡斜坡陡崖的形成既为出现滑坡、变形体提供了临空面，同时也在地势抬升过程中起着强烈的卸荷作用，在岩体内形成与陡崖走向近于平行的地裂缝。

(3)从岩体结构上看，该处岩层倾向于西水河，倾角13°～15°，构成顺向坡，后部有竖向节理切割，并且岩层软硬相间，易于形成软弱面，容易在卸荷过程中产生差异变形，甚至发生顺层滑动。因此，构成了有利于卸荷变形、开裂与滑动破坏的几何边界条件和结构条件。

(4)从岩性条件与水文地质条件看，岩层中有相对软弱的泥岩、泥质粉砂岩夹层存在，其强度较低，遇水软化、崩解严重，导致在受地下水浸泡条件下，其强度大大下降，客观上降低了斜坡岩层的抗滑能力。同时，地下水的压力又增大了岩层的下滑力以及开裂部位侧向水压力、岩体的浮托力，这些因素都不利于边坡岩体的稳定。

从外因的角度分析，其主要影响因素有：

(1)石窟地处南方，降水量大，入渗严重，且石窟区背后山地呈凹槽型地形、发育多条竖向裂隙及地裂缝，利于周边地表水的汇集与入渗，且不断加剧。

(2)MODFLOW 数值模拟软件。

开展 MODFLOW 数值模拟分析，首先采用 GMS (Groundwater Modeling System)构建研究区域多层地下水渗流模拟模型，包括水文地质层的三维概念模型与数值模拟的数学模型，利用 GMS 软件中的 SOLID 模块建立了研究区的水文地质层三维立体模型，从而为方便、准确、全面地概化研究区水文地质条件提供良好的平台。确立水文地质概念模型后，建立了研究区的数学模型并通过校正法对模型进行了识别，而后选取了若干验证时段的水位实测数据对模型进行了验证，从而验证所建立的水文地质概念模型和数学模型合理性。通过验证后的地下水流模拟模型演算出的水位变化情况和流场的变化趋势，对石窟陡崖的渗流情况作出合理分析。

GMS 是 GIS 与地下水流模拟模型紧密集成典型产品，是美国 Brigham Young University 的环境模型研究实验室和美国军队排水工程试验工作站在综合 MODFLOW、FEMWATER 等已有地下水模型的基础上开发的一个综合性的、用于地下水模拟的图形界面软件。其图形界面由下拉菜单、编辑条、常用模块、工具栏、快捷键和帮助条六部分组成。由于 GMS 软件具有良好的使用界面，强大的前处理、后处理功能及优良的三维可视效果，目前已成为国际上最受欢迎的地下水模拟与管理软件之一。

MODFLOW 数值模拟分析基本方案流程如图 8-31 所示。

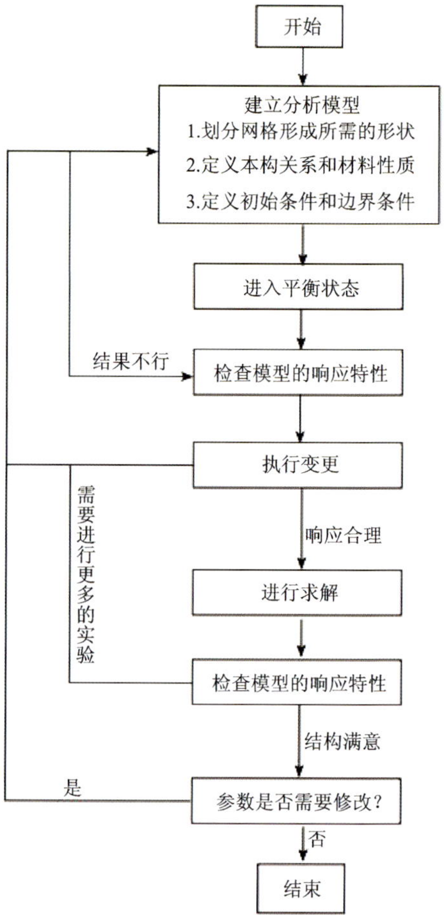

图 8-30　FLAC3D 数值模拟计算流程

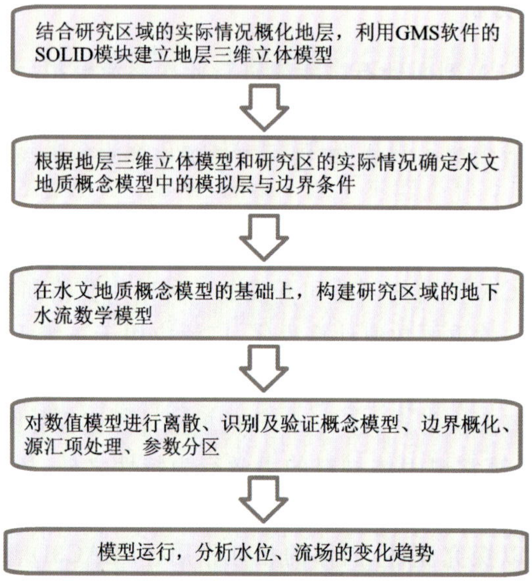

图 8-31　渗流分析基本流程图

2)数值计算模型的建立

对于岩土边坡问题，建立数值计算模型通常可由地质模型概化、建立几何模型、确定物理力学参数、约束边界条件及初始条件等几部分工作组成。下面分别对其进行论述。

(1)几何模型建立。

此次数值模拟工作基于仙佛寺 $A—A'$ 剖面石窟陡崖处岩体，在前期勘察工作中已经对该处地层的地质年代、产状形态进行了确定，此处不再详细讨论。现主要以上述资料的地层划分作为建模依据，建立的石窟陡崖几何模型如图 8-32 所示。

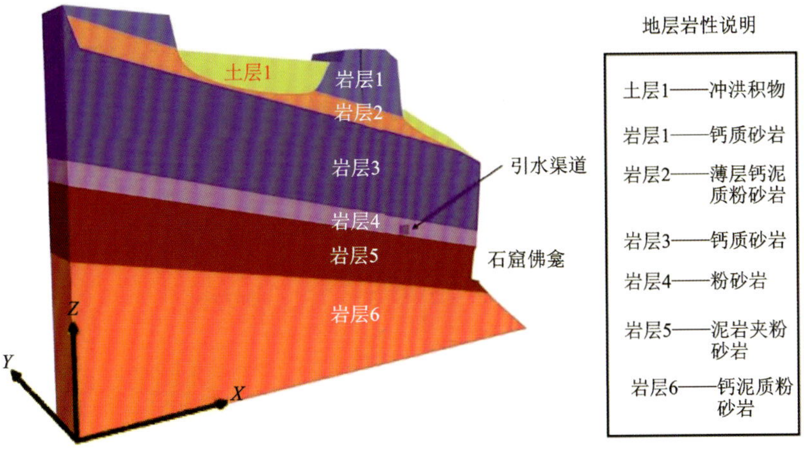

图 8-32　仙佛寺卸荷带 $A—A'$ 剖面数值模拟几何模型

对于本模拟工作所建立的仙佛寺 $A—A'$ 剖面石窟陡崖处岩土体几何模型，其模型主要尺寸参数如下：X 方向最长为 112.72m，Y 方向取为 10.00m，Z 方向最长为 64.40m。

(2)物理力学参数确定。

根据现场测试以及室内土工试验结果，将在数值模拟工作中所用到的各地层的物理力学参数整理成表 8-6。其中，地层编号为“土层 1”“岩层 1～岩层 6”，依次指代“第四纪冲洪积物”“钙质砂岩”“钙泥质粉砂岩”“钙质砂岩”“粉砂岩”“泥岩夹粉砂岩”“钙泥质粉砂岩”。

表 8-6　仙佛寺 $A—A'$ 剖面石窟陡崖岩层物理力学参数

地层编号	地层岩性	干密度 $\rho_0/(g \cdot cm^{-3})$	饱和密度 $\rho_{sat}/(g \cdot cm^{-3})$	孔隙比/e	渗透系数 $K/(m \cdot s^{-1})$	黏聚力/kPa	内摩擦角/(°)
土层 1	第四系冲洪积物	2.05	—	—	1.00×10^{-4}	0	32
岩层 1	钙质砂岩	2.73	—	—	2.20×10^{-7}	280	35
岩层 2	钙泥质粉砂岩	2.44	2.616	0.21	3.25×10^{-10}	278	40
岩层 3	钙质砂岩	2.73	—	—	2.20×10^{-7}	280	35
岩层 4	粉砂岩	2.43	2.612	0.22	4.50×10^{-8}	780	55
岩层 5	泥岩夹粉砂岩	2.52	2.685	0.20	1.20×10^{-8}	120	45
岩层 6	钙泥质粉砂岩	2.44	2.616	0.21	3.25×10^{-10}	278	40

(3)边界条件及初始条件确定。

在无渗流工况下，模型的 $X=0.0$(左侧面)、$Y=0.0$(前侧面)、$Y=10.0$(后侧面)、$Z=0.0$(底面)四个面作为人为截取的边界面，在 FLAC3D 中采用位移约束边界进行约束，而模型顶面和右侧面作为天然临空面则不作约束，从而研究石窟陡崖岩体在重力作用下向临空面发展的位移及应力变化特征。

对于渗流工况，FLAC3D 渗流模式中有 4 种类型的边界条件可供考虑：①孔隙压力给定的边界；

②泄流分量给定且垂直于边界面;③透水边界;④不透水边界。在 FLAC3D 里,边界默认设置为非渗透性边界,考虑模拟岩体的实际渗透特性,此处对于上述提及的 4 个人为截取的边界面皆设置为透水边界。考虑计算效率和主要研究对象为石窟邻近地层,所以渗流模拟计算只在岩层 3 至岩层 5 中进行。由引水渠道渗水导致的渗流工况,可以被处理为具有临空面的稳定非承压流模型,渗流模式如图 8-33 所示。

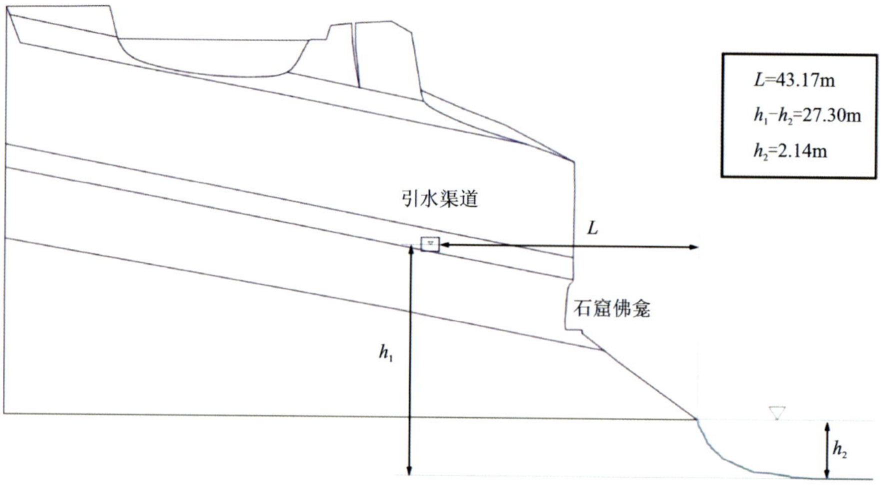

图 8-33 石窟陡崖渗流模式图

(4)MODFLOW 渗流模型建立。

根据已有的地质剖面资料,利用 GMS 软件中的 SOLID 模块下的地层钻孔插值法,建立石窟陡崖地层模型和水文地质模型(图 8-34、图 8-35),以便进行渗流模拟。

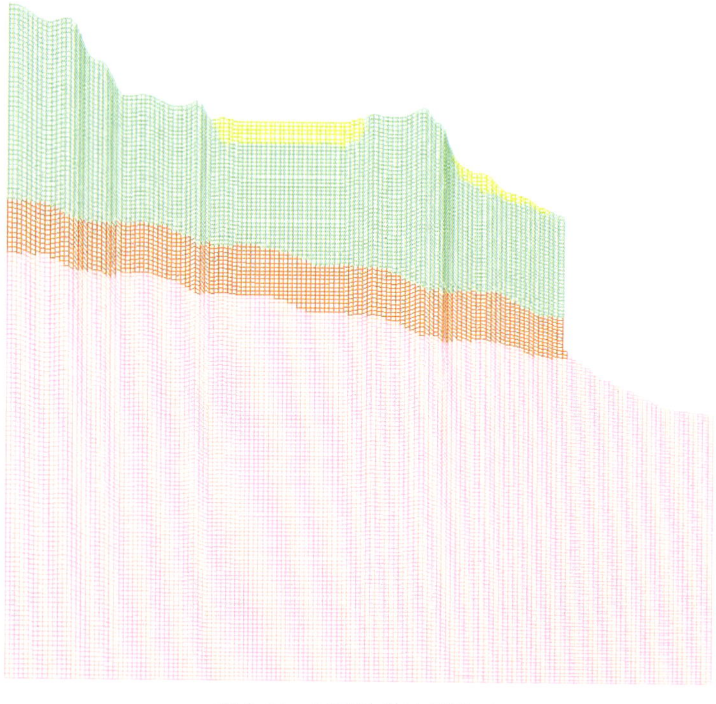

图 8-34 石窟陡崖地层模型

渗流模拟所用到的岩土层参数见表 8-6,石窟陡崖顶部降水量通过查阅当地相关工程地质资料获取,降水量按最大降水量取值,降水量为 138.1mm/d。建立剖面模型之后,再设置边界条件,进行网格

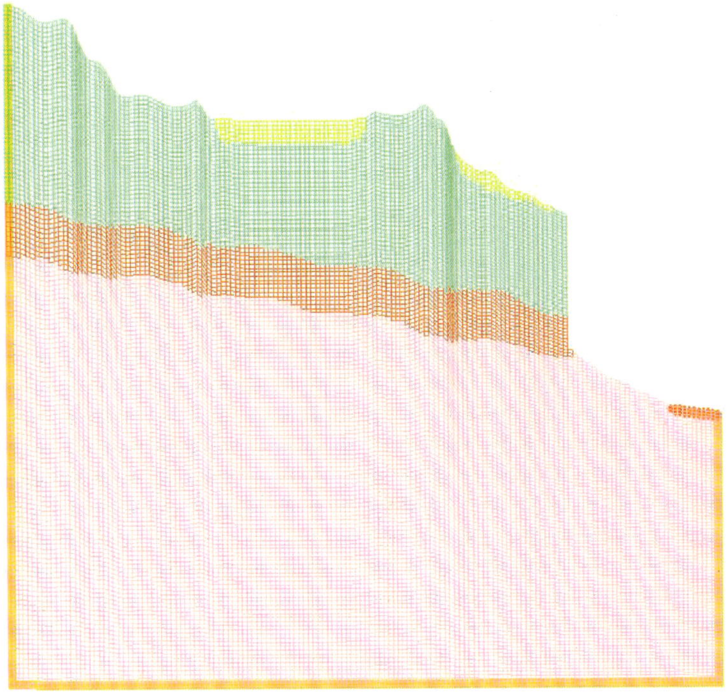

图 8-35　石窟陡崖水文地质概念模型

剖分。在水平方向上，以石窟右侧河流（西水河）为强补给边界，设为已知水头边界，石窟的左侧边界为零流量边界，底部边界可设为零流量边界。

3）MODFLOW 渗流模拟分析

通过软件运算就可以得到此工况下的模拟计算结果，得到该计算剖面地下水的流量、各点水头大小以及水力梯度，并可输出地下水等势线图、流线图等。

图 8-36～图 8-38 分别是石窟陡崖在最大降水量时的地下水等势线图、流线图以及流速图。

图 8-36　石窟陡崖地下水等势线图

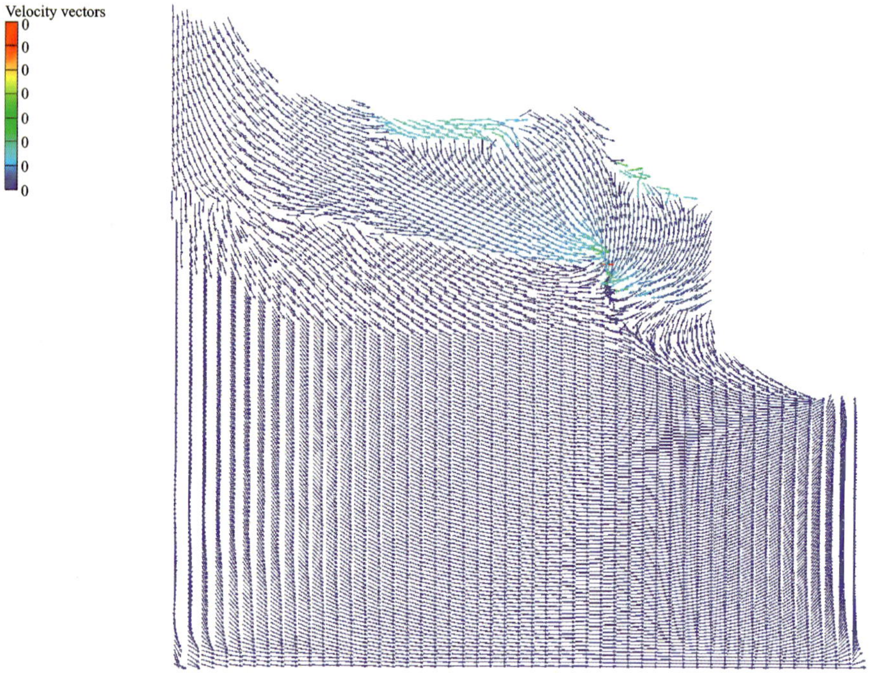

图 8-37 石窟陡崖地下水流线图

图 8-38 石窟陡崖渗流流速大小示意图

渗流模拟结果表明:石窟陡崖上覆第四纪冲洪积物的渗流以水平渗流为主,垂直渗流相对较小;引水渠道的存在导致渗流流线发生明显偏转,为地下水的下渗提供了汇流场所;粉砂岩地层的地层分界面(滑动面)处的渗流以沿滑面下渗为主。

4)FLAC3D 数值模拟计算

为探究引水渠道渗水对石窟陡崖处岩体变形特征和发展趋势的影响,本模拟工作将分为无渗流工况和渗流工况,从位移变化、应力分布、饱和度变化等方面进行比较分析。

（1）无渗流工况。

①无渗流工况的位移和应力分布（图 8-39、图 8-40）。

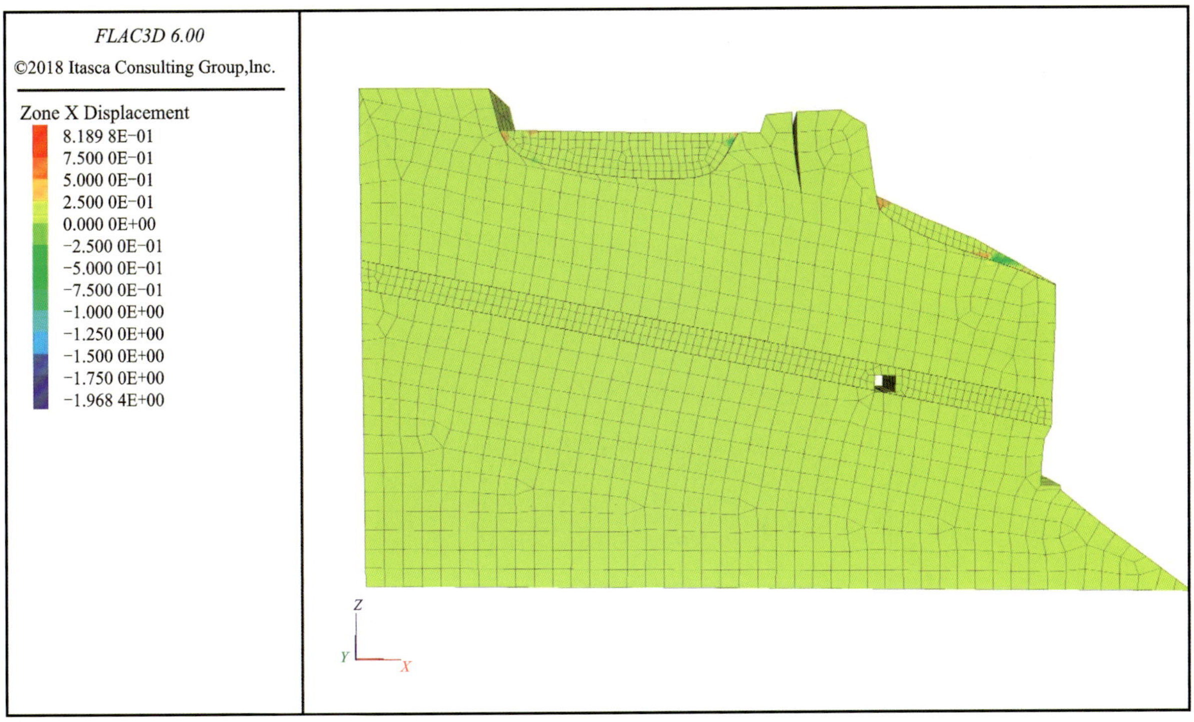

(a)无渗流工况的*X*向位移分布

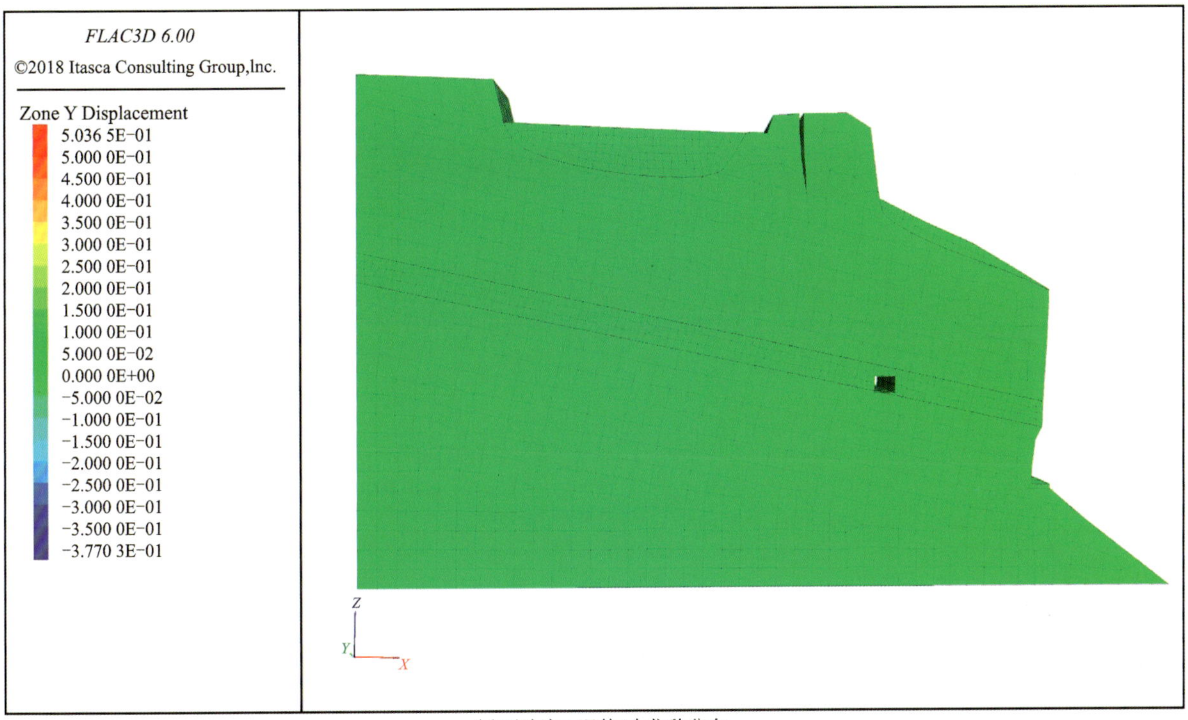

(b)无渗流工况的*Y*向位移分布

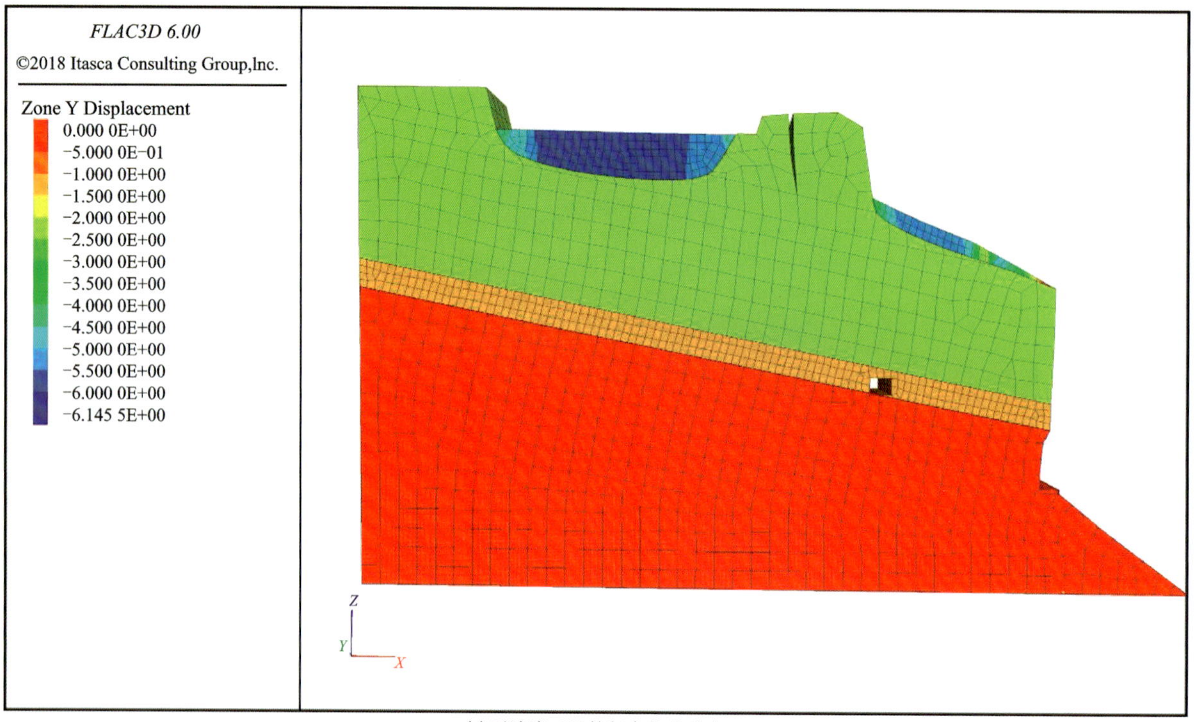

(c)无渗流工况的竖向位移分布

图 8-39 无渗流工况位移分布图

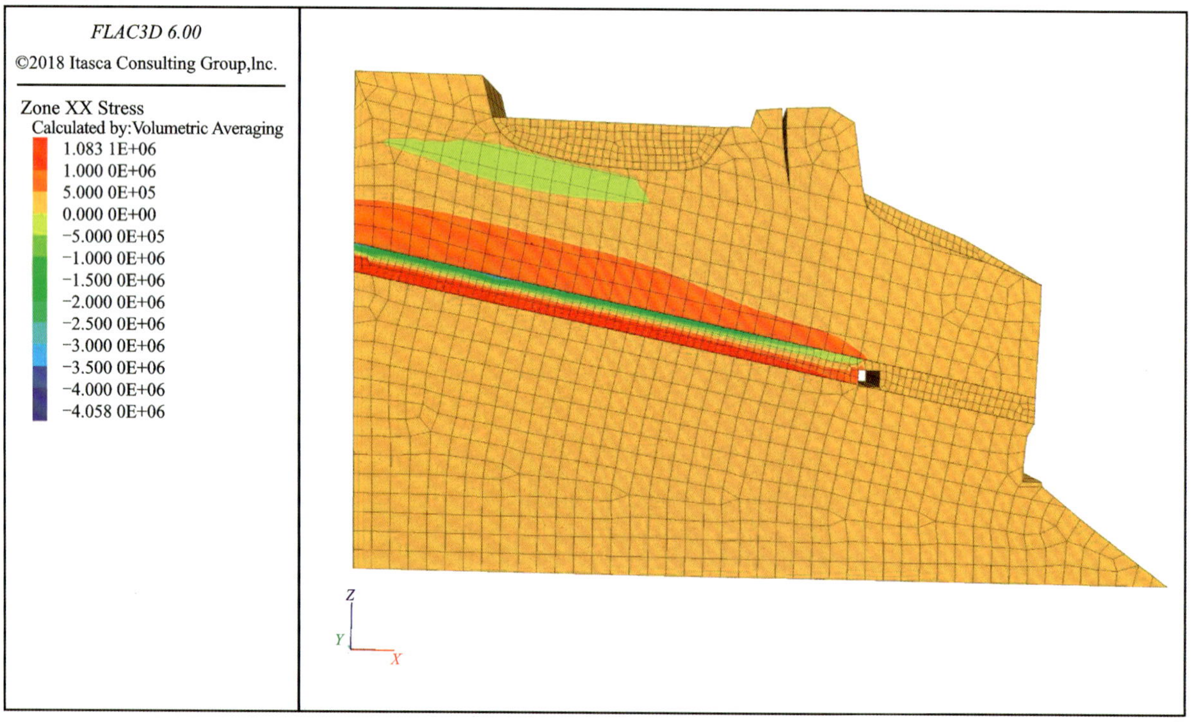

(a)无渗流工况的XX向应力分布

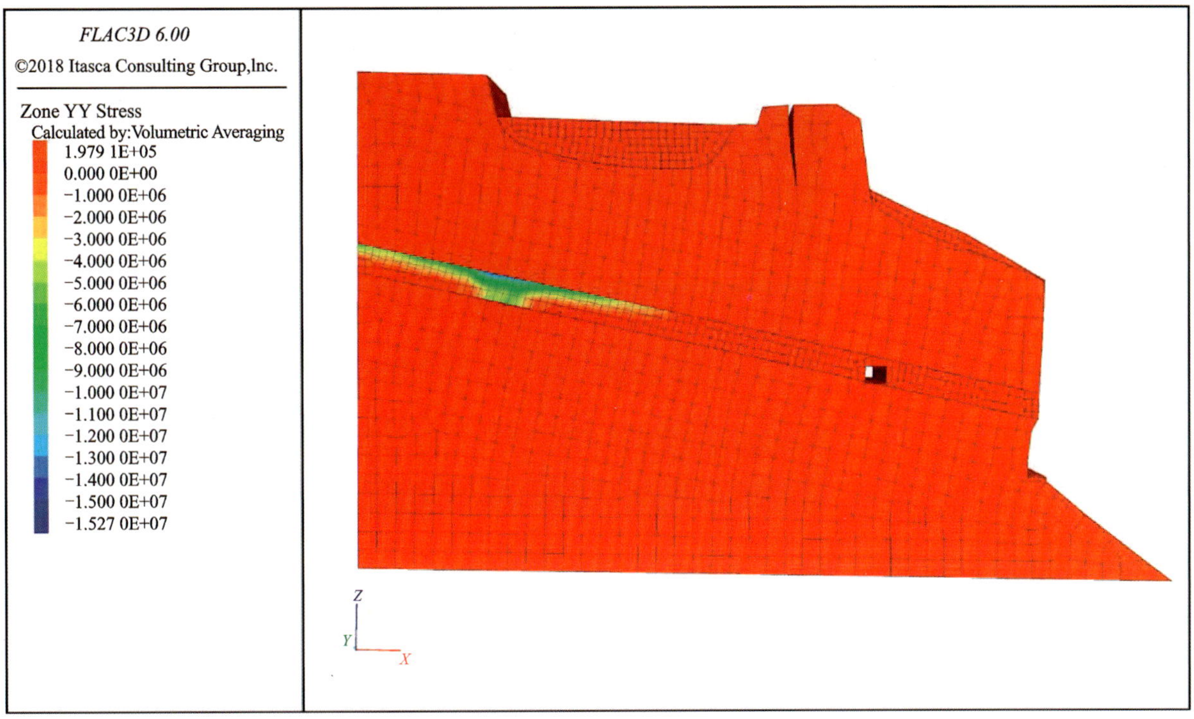

(b)无渗流工况的*YY*向应力分布

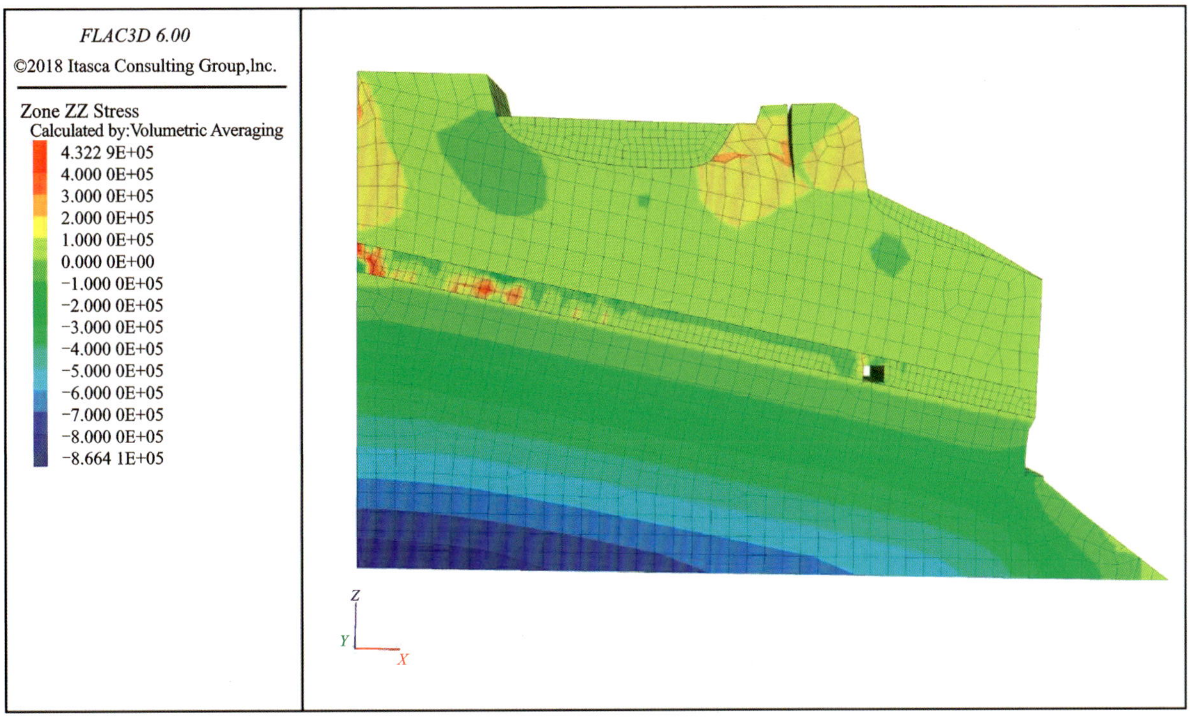

(c)无渗流工况的*ZZ*向正应力分布

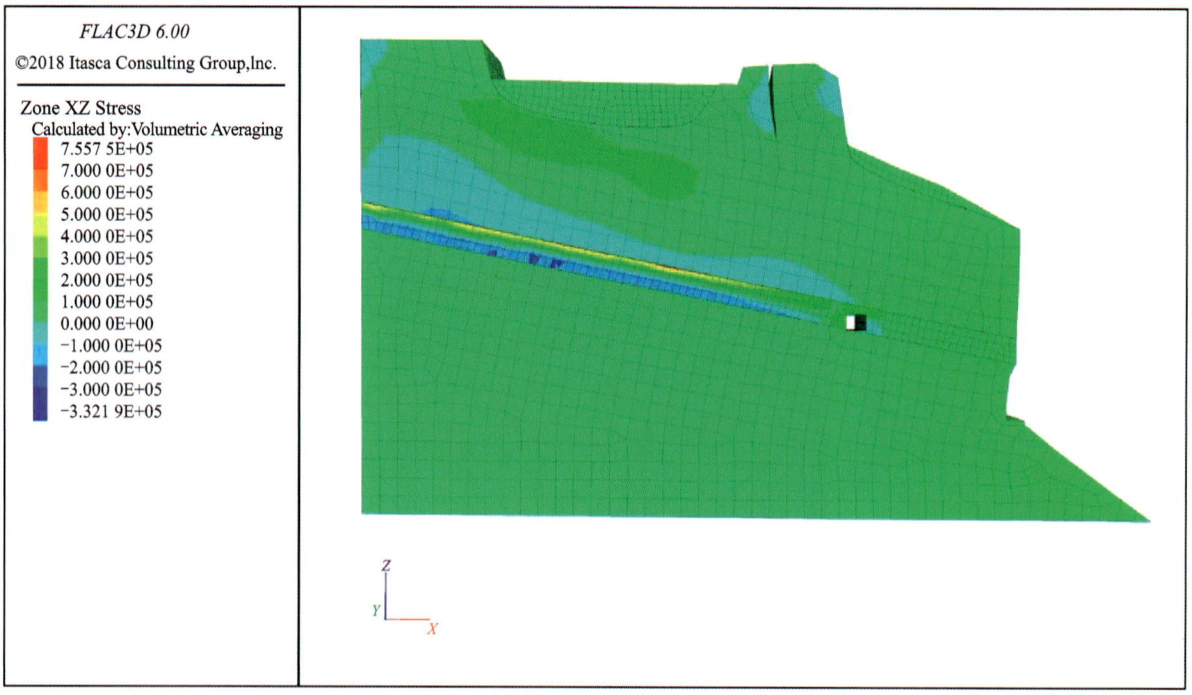

(d)无渗流工况的XZ向剪应力分布

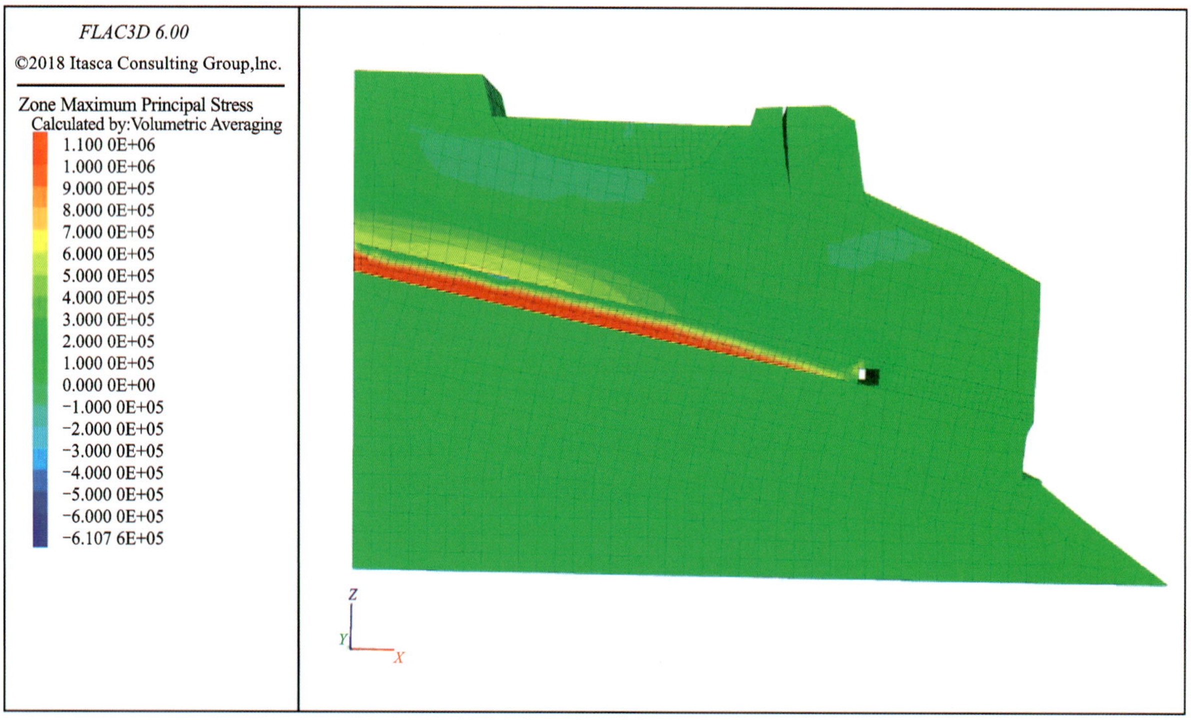

(e)无渗流工况的最大主应力分布

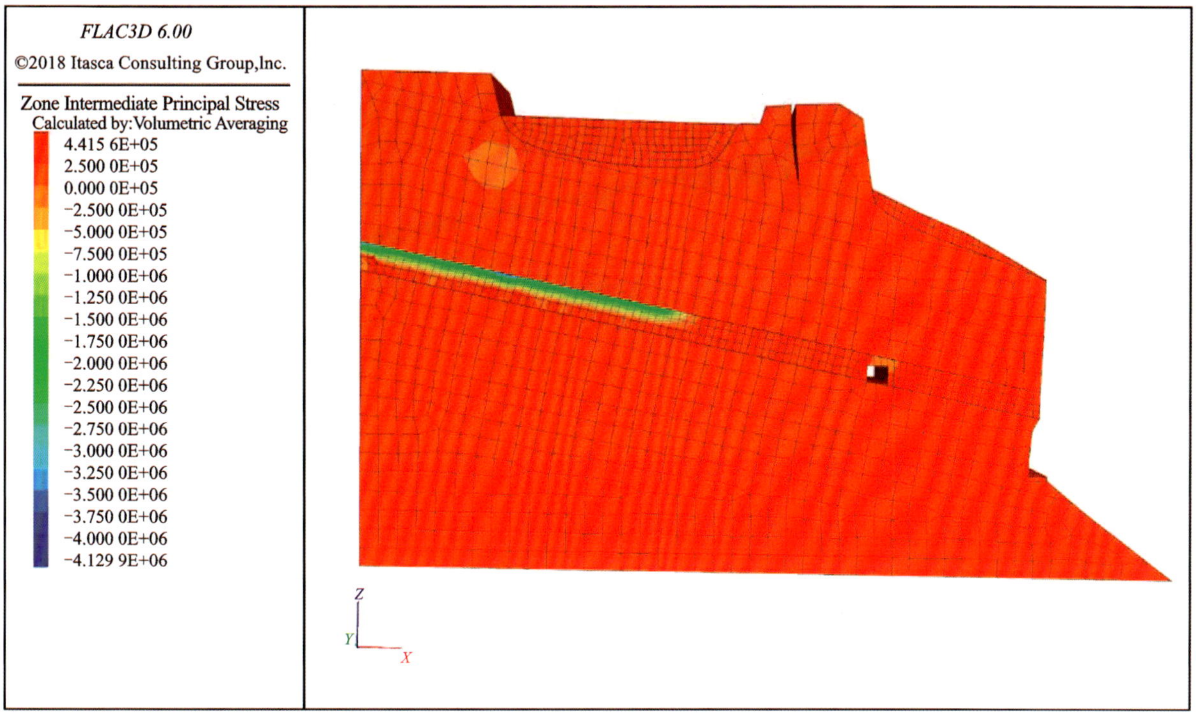

(f) 无渗流工况的中间主应力分布

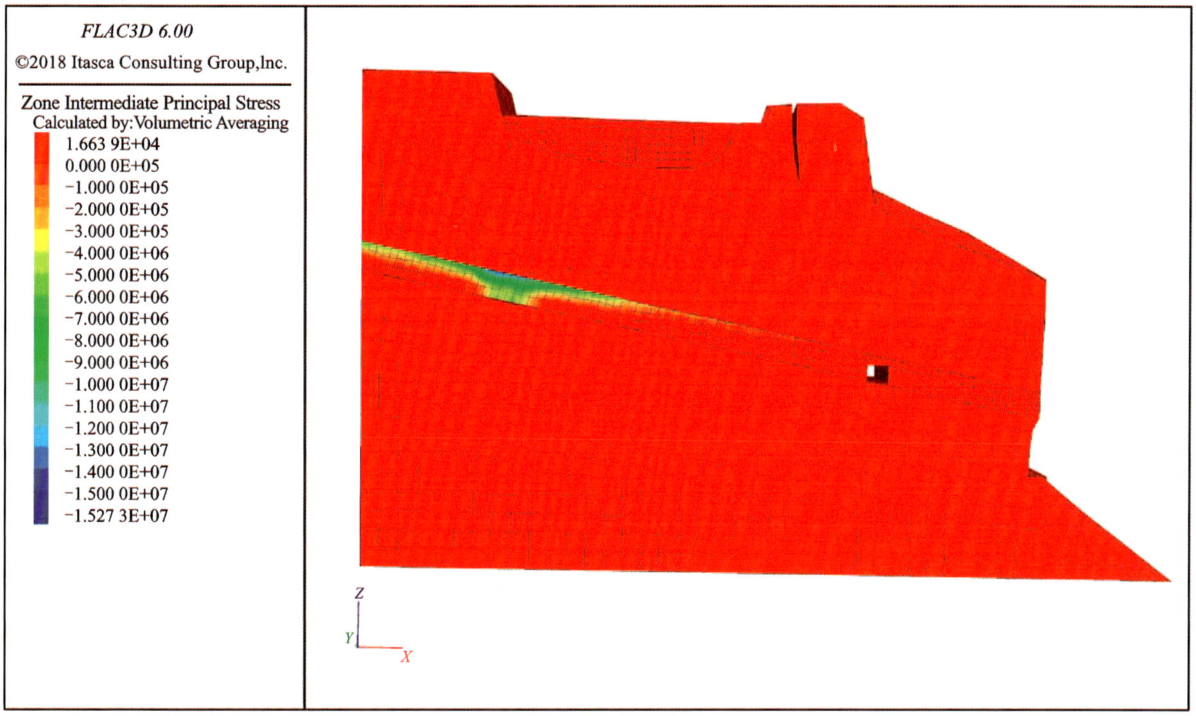

(g) 无渗流工况的最小主应力分布

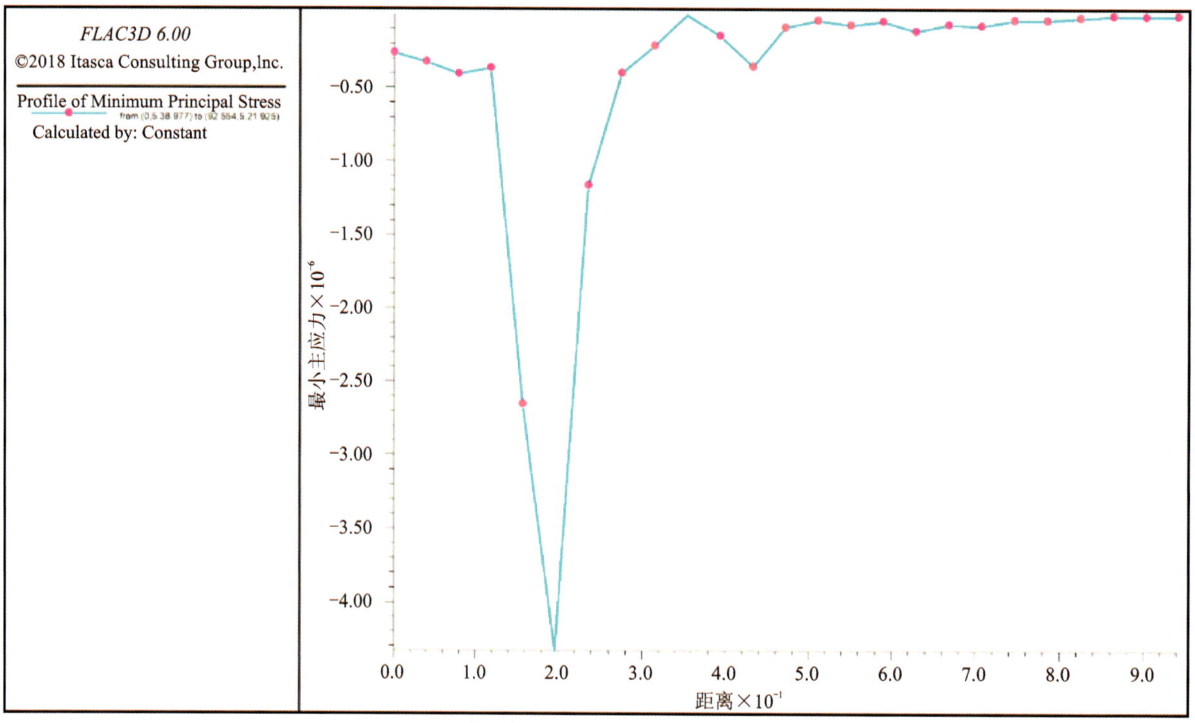

(i) 观察剖面1的最小主应力变化

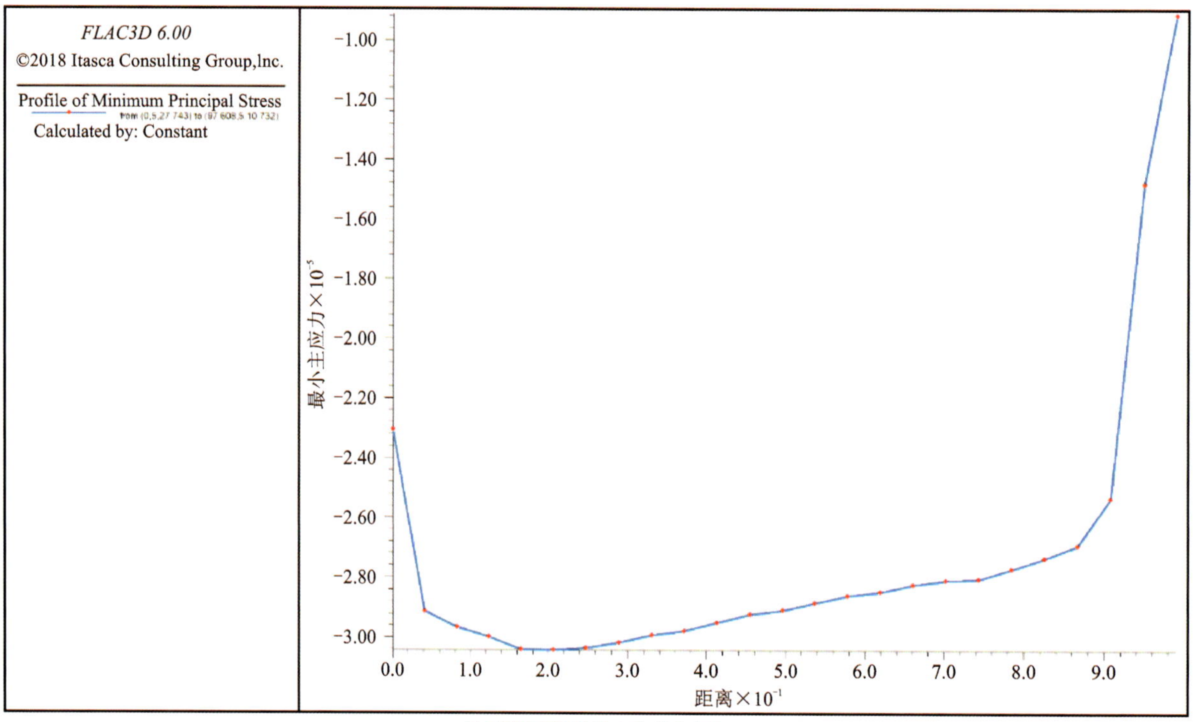

(j) 观察剖面2的最小主应力变化

图 8-45　无渗流工况的观察剖面的应力-时步变化曲线

④无渗流工况的塑性区分布(图 8-46)。

无渗流工况模拟计算的塑性区分布图中具有 tension-p、shear-p 和 tension-n、shear-n 共 4 个指标，其中 tension-p 和 shear-p 表示该单元过去曾处于屈服面上而现在处于弹性变形状态，而 tension-n 和

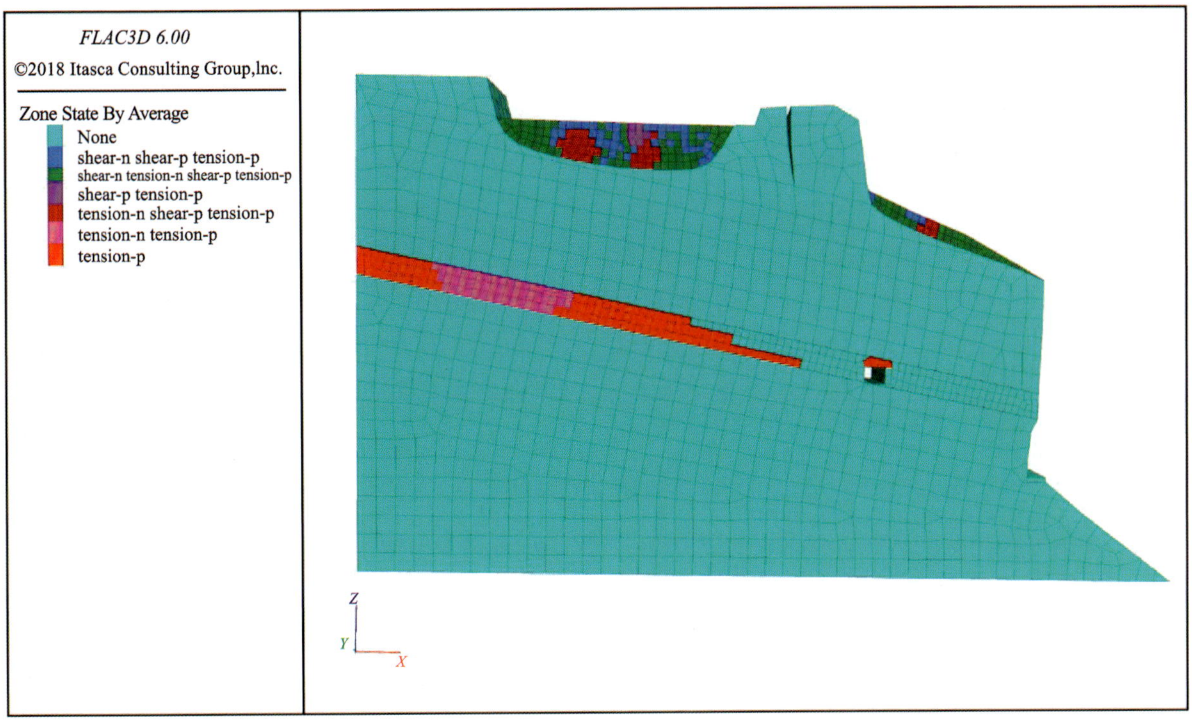

图 8-46　无渗流工况的塑性区分布全貌图

shear-n 则表示单元处于塑性变形状态。因此，由塑性区分布图可以看出粉砂岩地层是无渗流工况下岩体中最为主要的连续塑性变形区，且主要是拉张变形。其中引水渠道上方区域还存在着拉张变形塑性区，而拉张塑性变形区的存在表明该区岩体出现了拉张破坏，这为岩体内部水流的下渗提供了路径。

（2）渗流工况。

①渗流工况的位移和应力分布（图 8-47、图 8-48）。

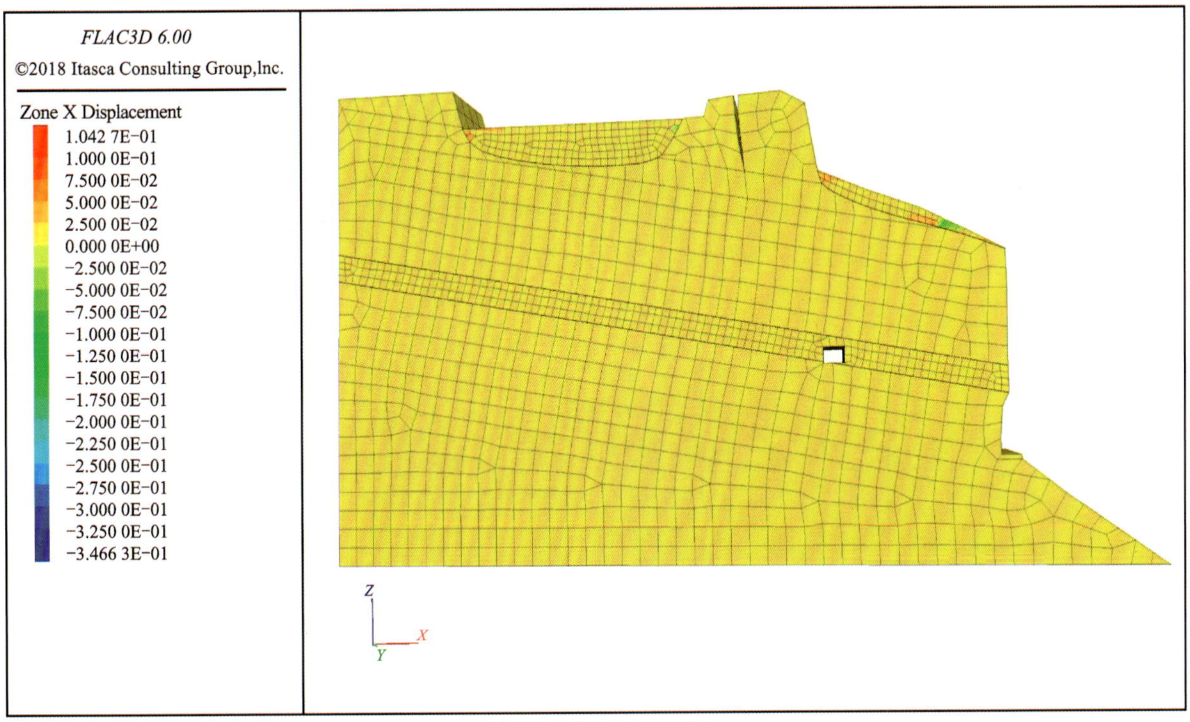

(a)渗流工况的X向位移分布

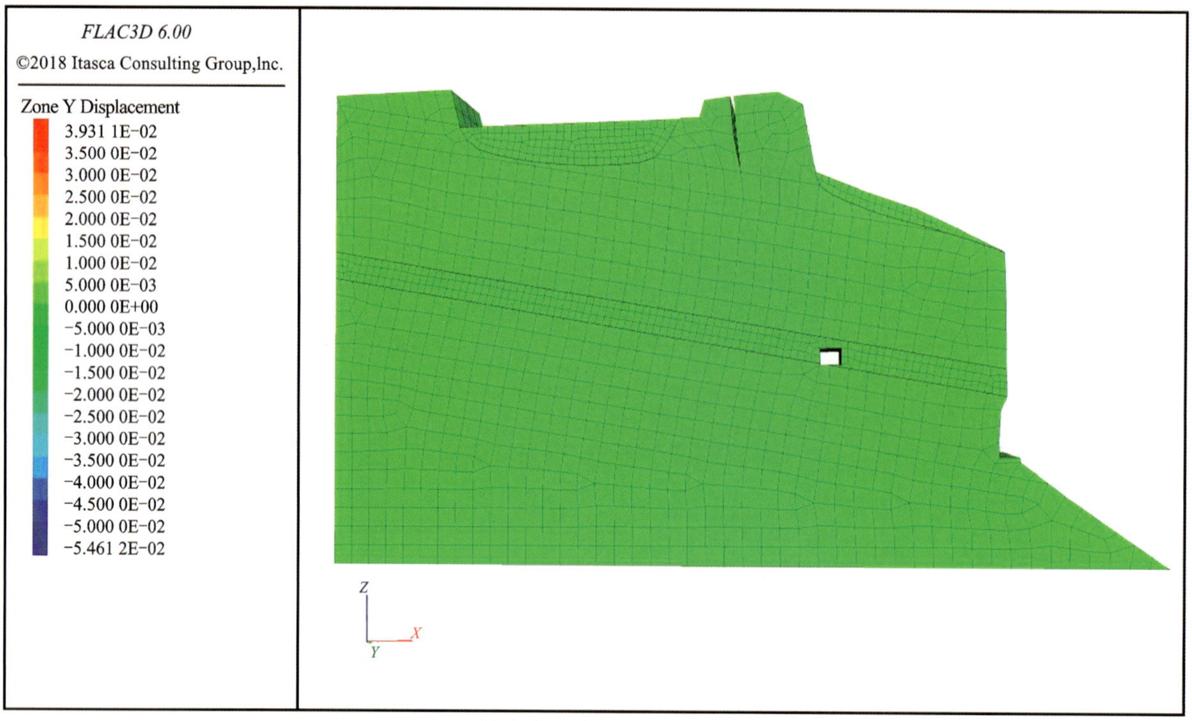

(b)渗流工况的Y向位移分布

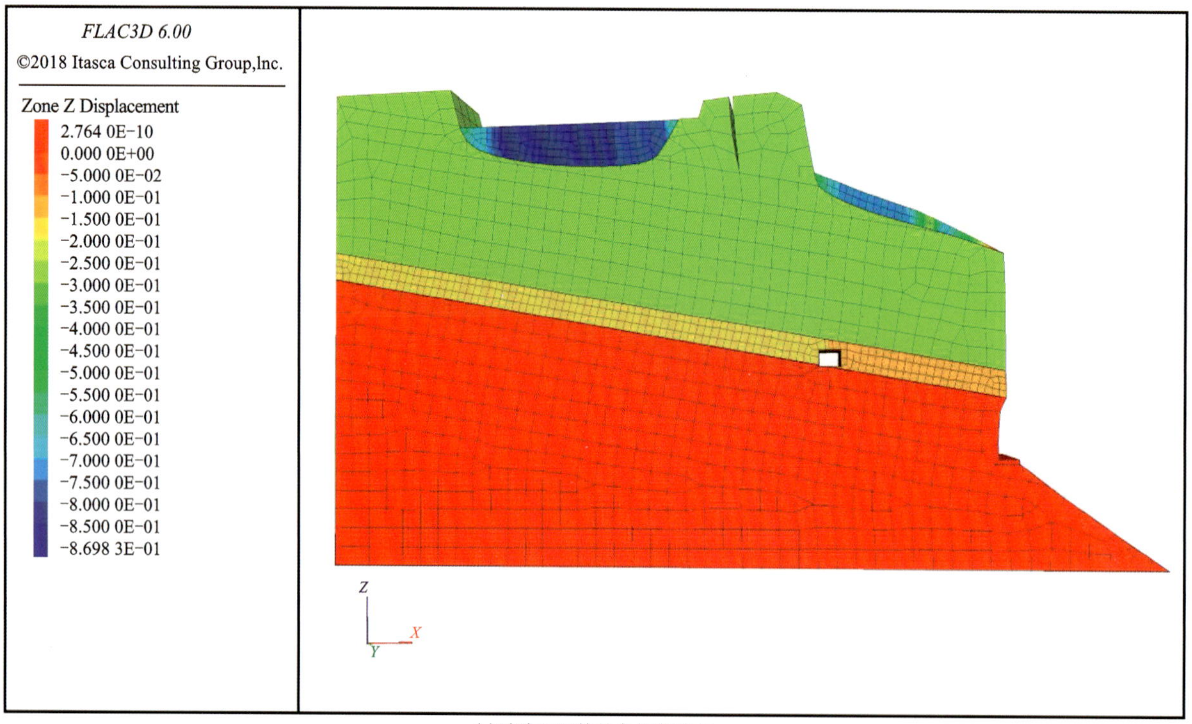

(c)渗流工况的竖向位移分布

图 8-47　渗流工况位移分布图

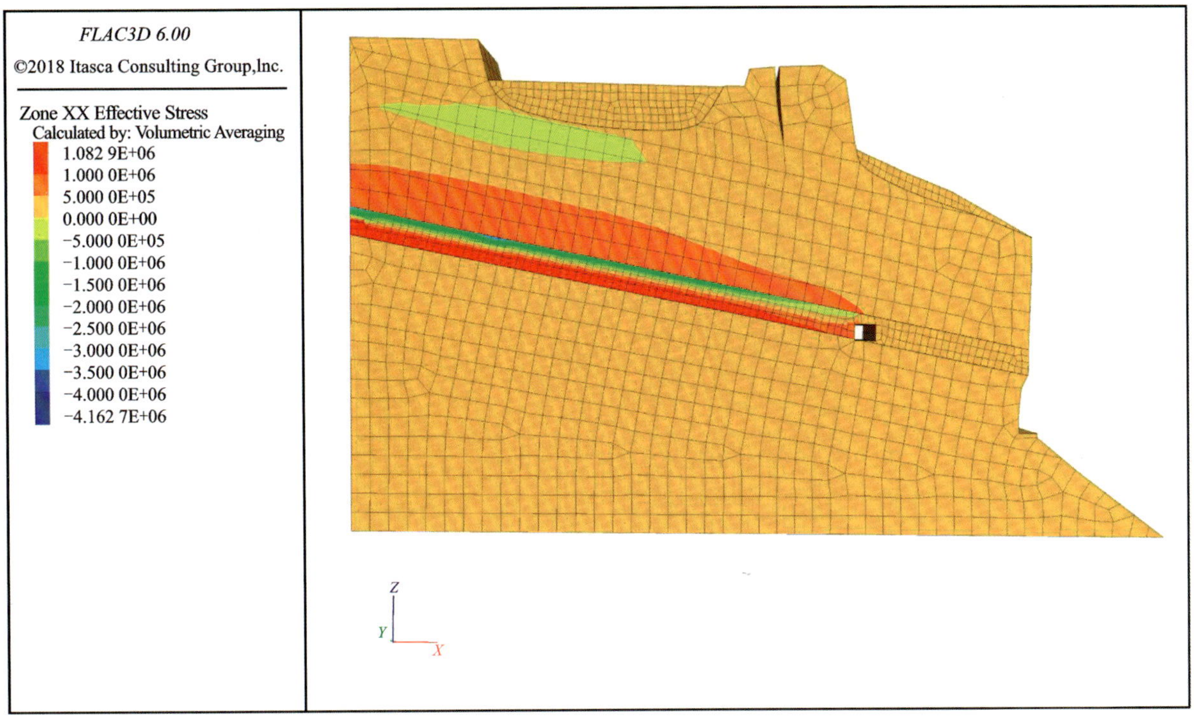

(a) 渗流工况的XX向有效应力分布

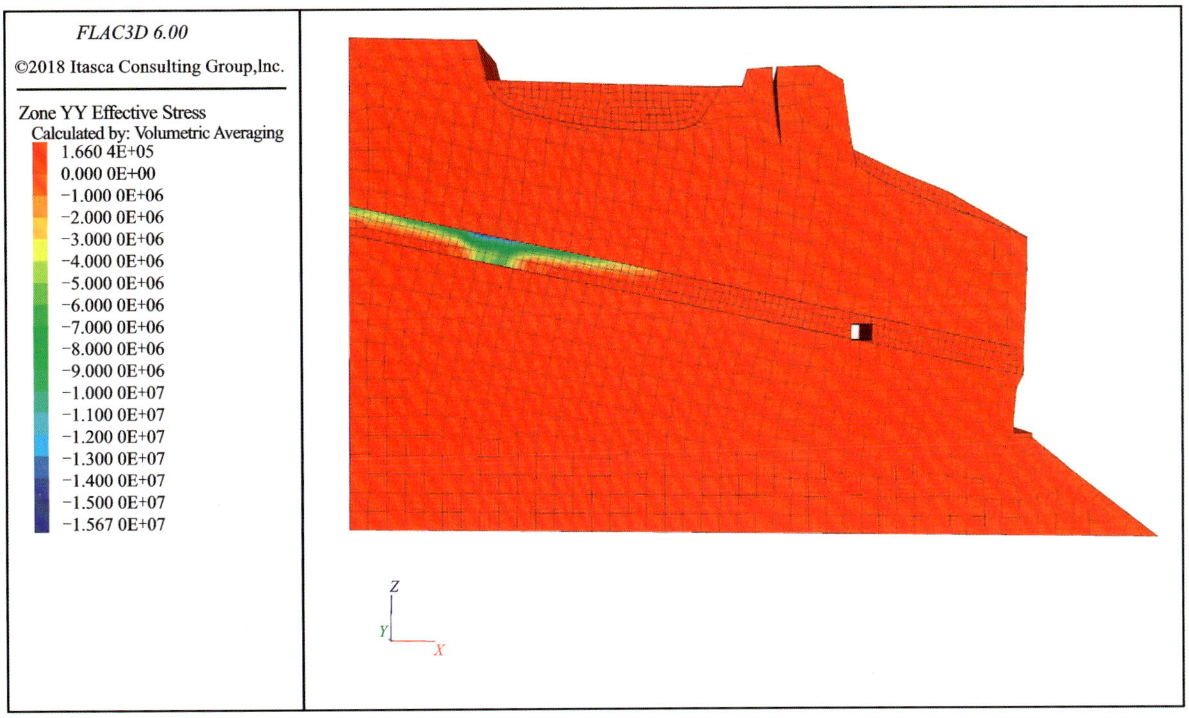

(b) 渗流工况的YY向有效应力分布

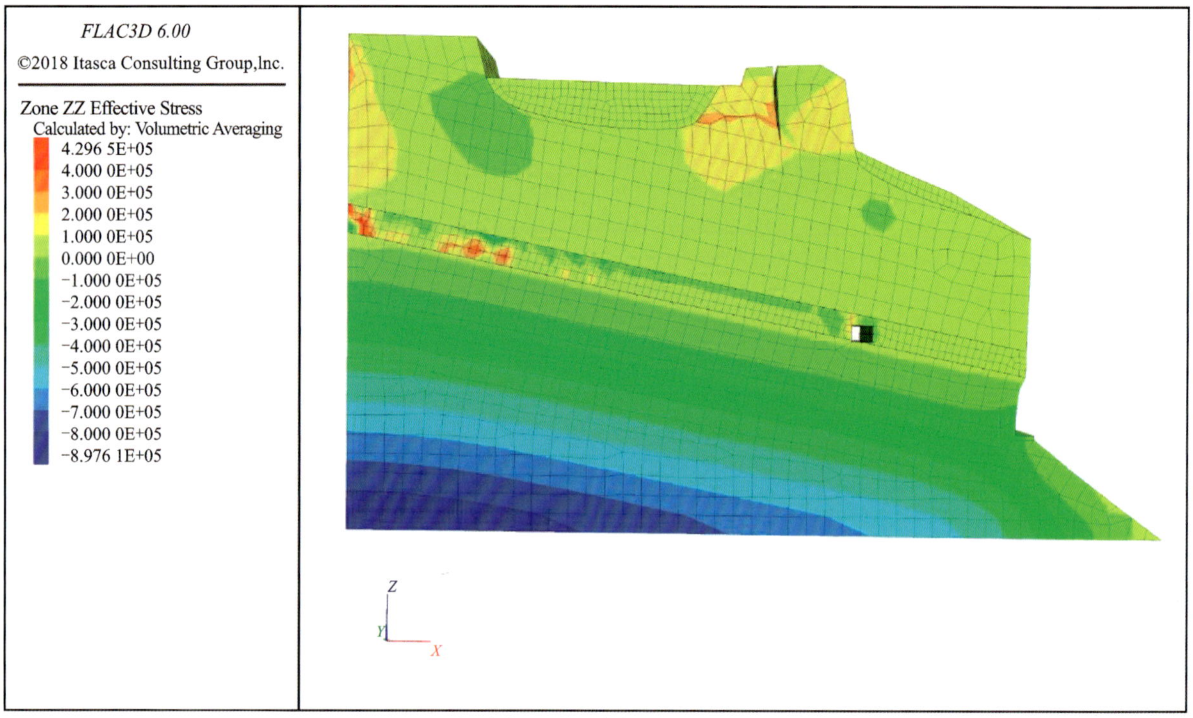

(c)渗流工况的ZZ向有效应力分布

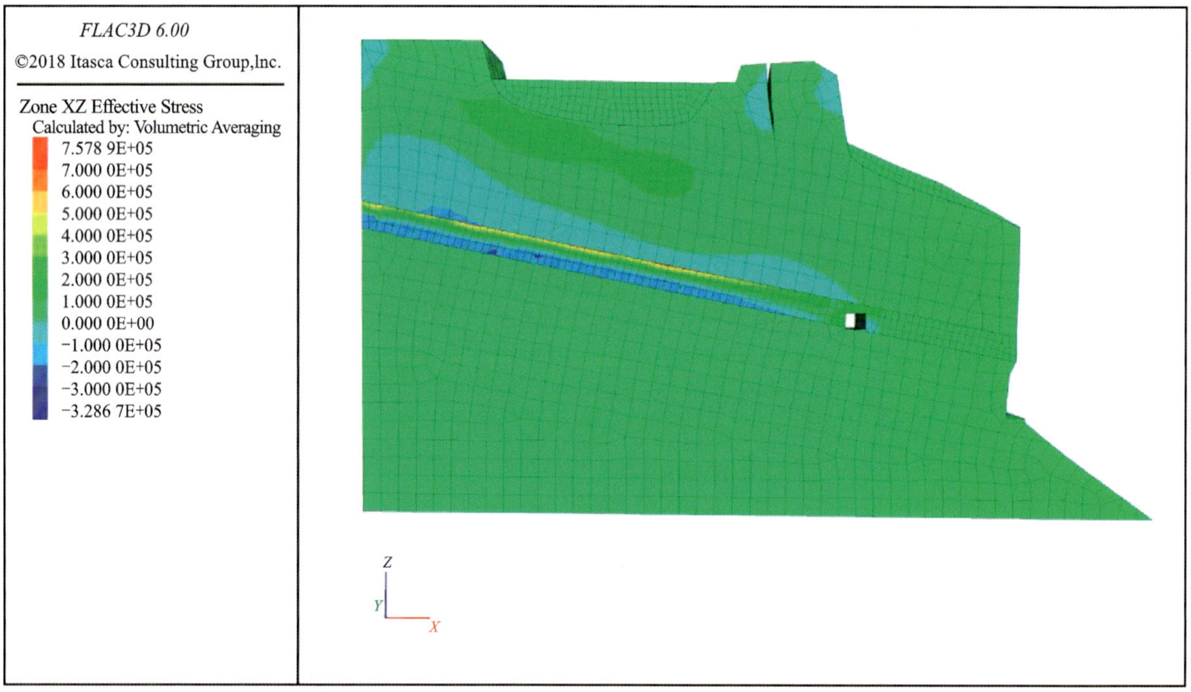

(d)渗流工况的XZ向有效应力分布

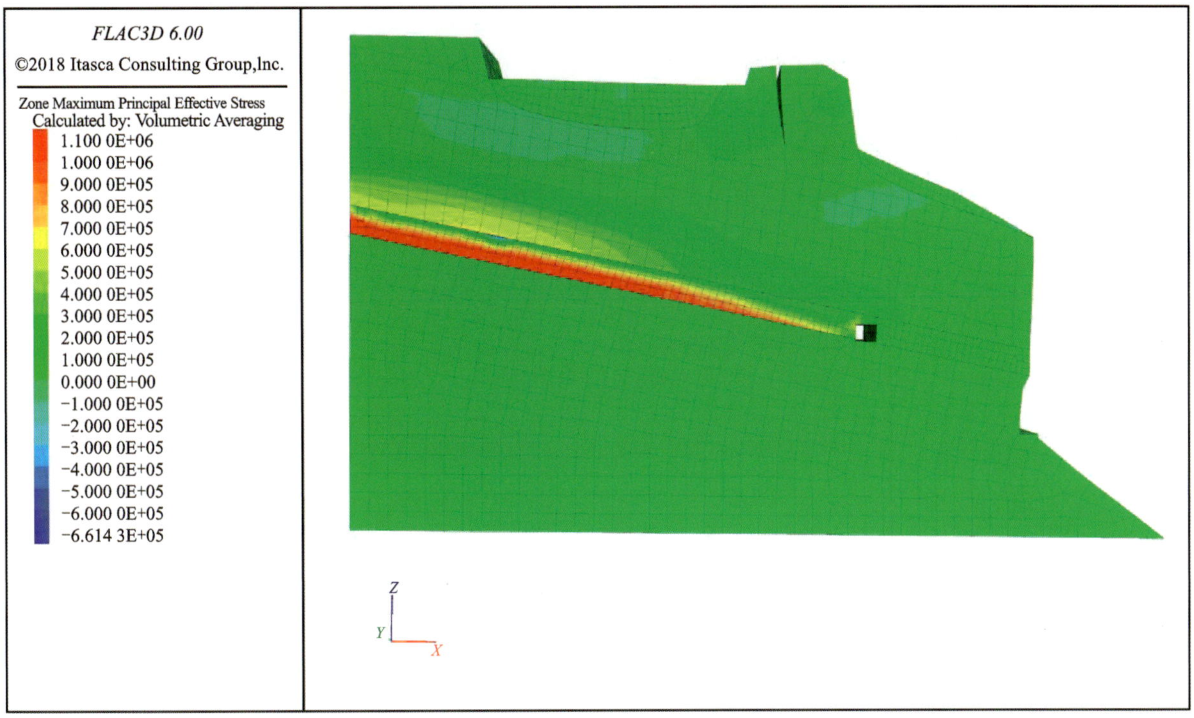

(e)渗流工况的有效最大主应力分布

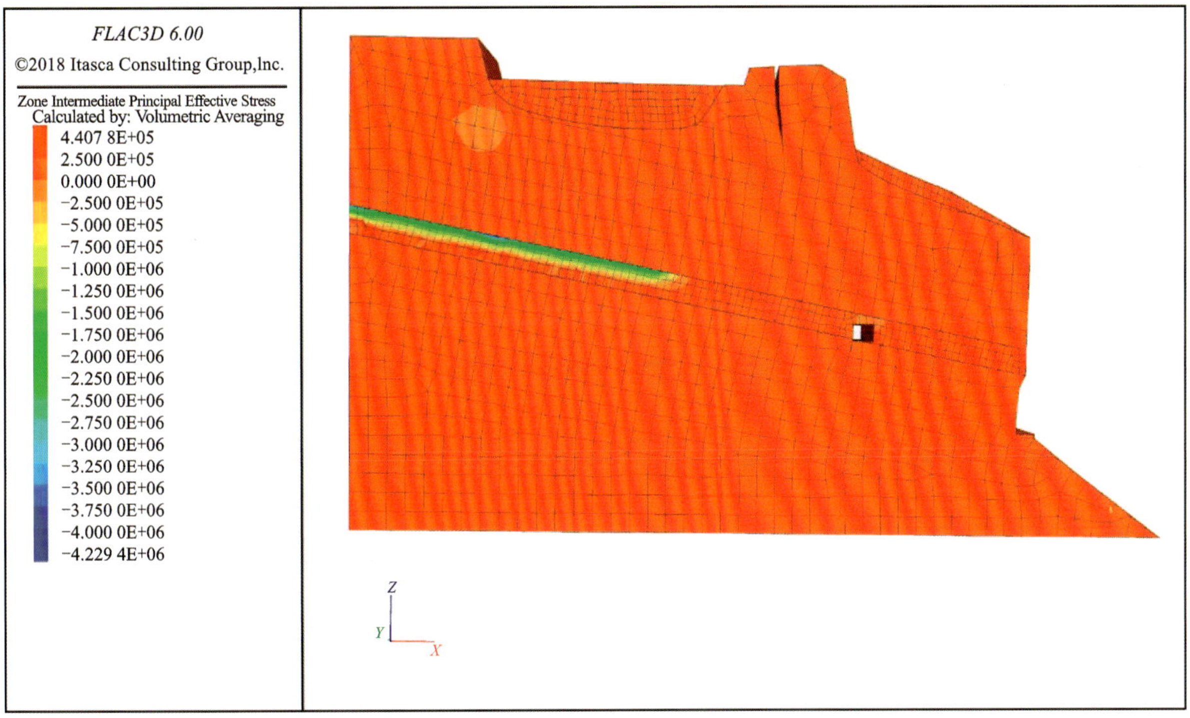

(f)渗流工况的有效中间主应力分布

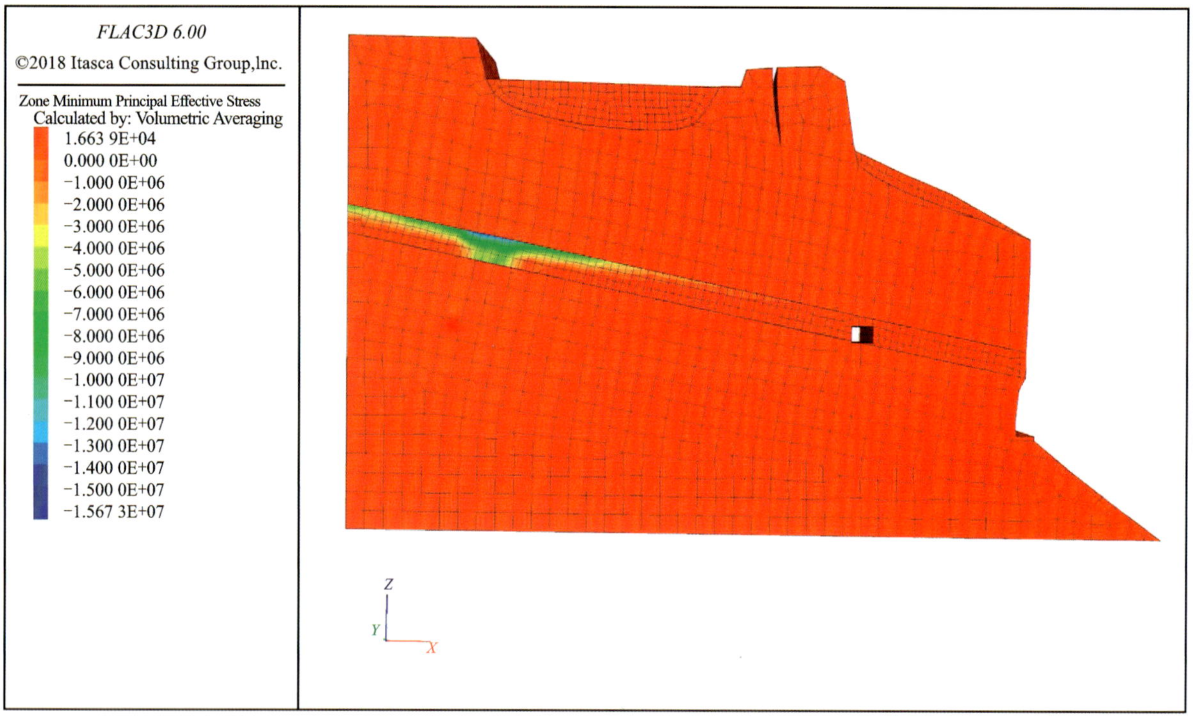

(g) 渗流工况的有效最小主应力分布

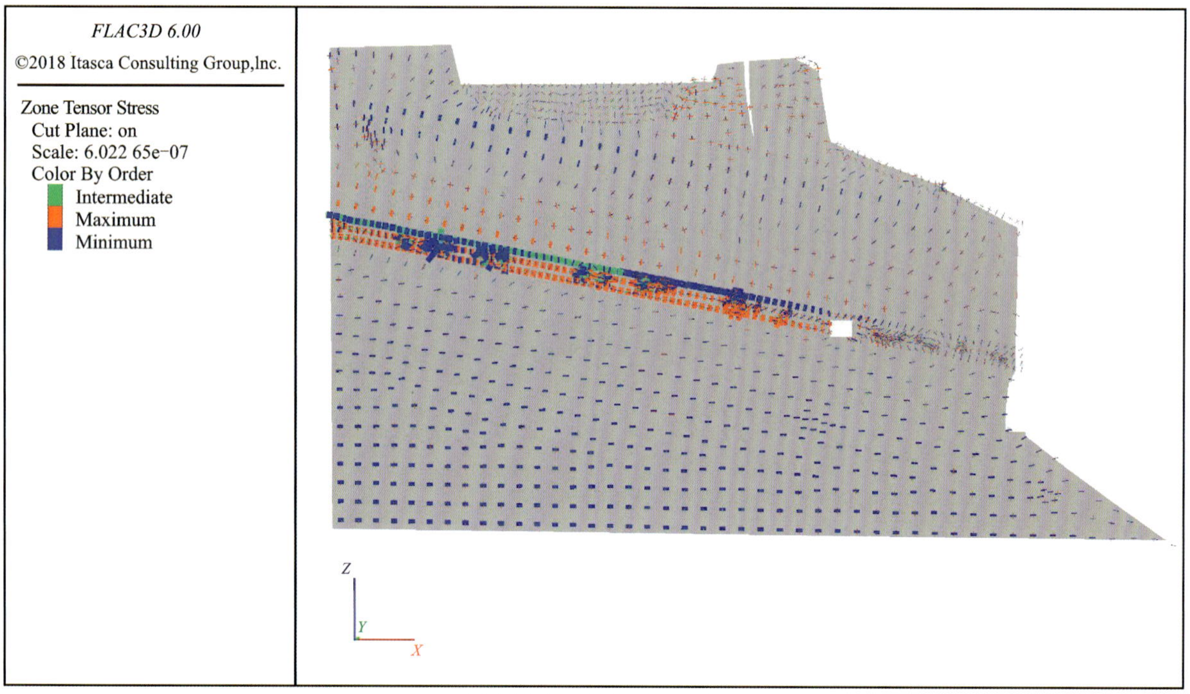

(h) 渗流工况的有效主应力分布

图 8-48 渗流工况应力分布图

渗流工况下石窟陡崖的主要位移分布特征仍与无渗流工况大致相同，整体上各岩层仍表现为向临空面滑移，只不过位移量值要远小于后者。值得关注的是，由于渗流作用，粉砂岩地层中石窟外侧区段的位移显著大于石窟内侧区段。

石窟陡崖各向正应力的分布特征基本与无渗流工况的各向正应力相一致，仅在量值上有所差别。粉砂岩地层仍为石窟陡崖岩体的主要应力集中区，且量值要普遍比其他区域的岩体大 1～2 个数量级。

②渗流工况的流线分布。

为了在模拟中显示出岩体内部水流由引水渠道向地上河排泄的渗流路径，在 FLAC3D 中启用颗粒示踪功能(图 8-49 中的绿色圆球)，该颗粒没有质量且不会干扰流向，故而可以刻画出水流在岩体内部的主要渗流路径。同时为了表现随着渗流进行岩体饱和度的变化，将进行渗流模拟的岩层 4 至岩层 6 (即粉砂岩地层、泥岩夹粉砂岩地层、钙泥质粉砂岩地层)的初始饱和度设定为 0.5，各层设置的渗透系数见表 8-6，模拟结果见图 8-50。

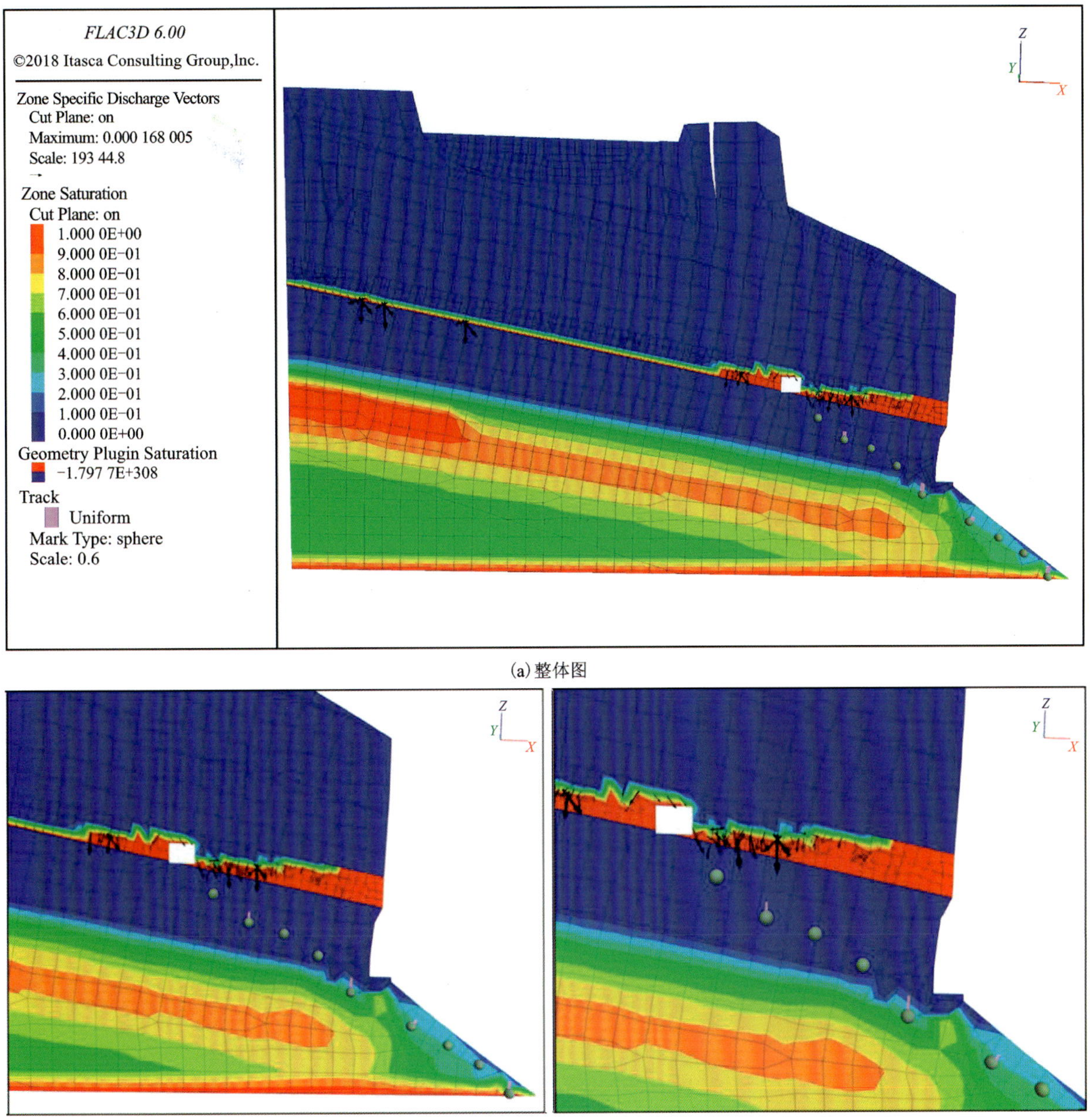

(a) 整体图

(b) 局部图

图 8-49　渗流工况岩层饱和度以及渗流流线分布图

岩体内部的渗流集中发生粉砂岩地层的外侧区段，岩层的孔隙压力分布图也反映了这一特征，渗流以近竖向渗流为主，同时在滑动面 1 上还存在着沿滑动面 1 的渗流，这也与 MODFLOW 的模拟结果相吻合。在渗流作用下，粉砂岩地层近石窟段处的岩体已经接近饱和。沿滑面的渗流、竖向下渗以及由此

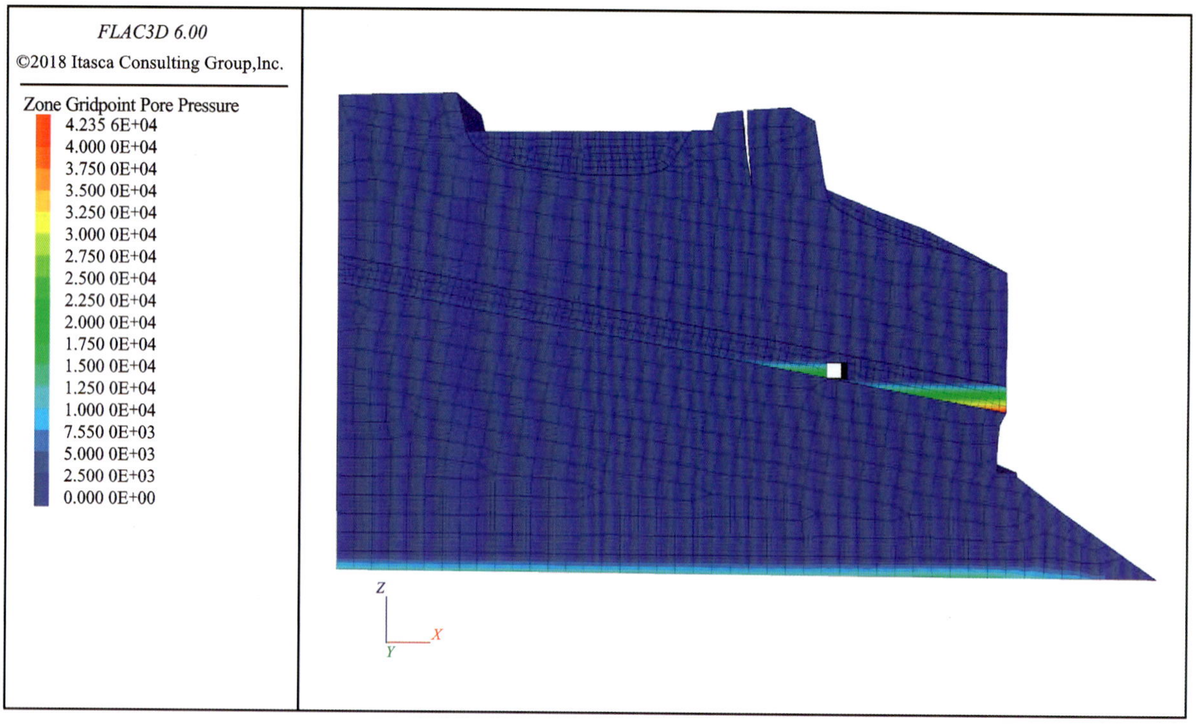

图 8-50　渗流工况岩层孔隙压力分布图

引起的石窟处岩体饱和，在降低岩体强度的同时也将有助于岩层滑动的继续发展。

③渗流工况的观察点的位移和应力变化(图 8-51、图 8-52)。

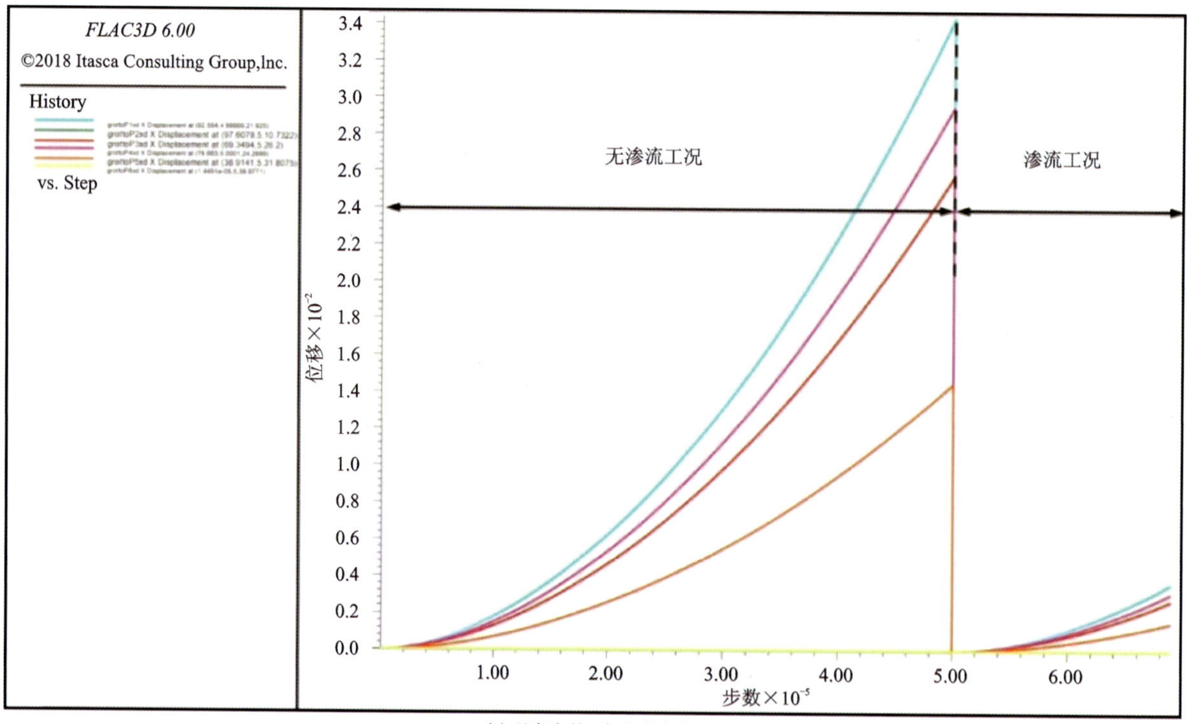

(a) 观察点的X向位移变化

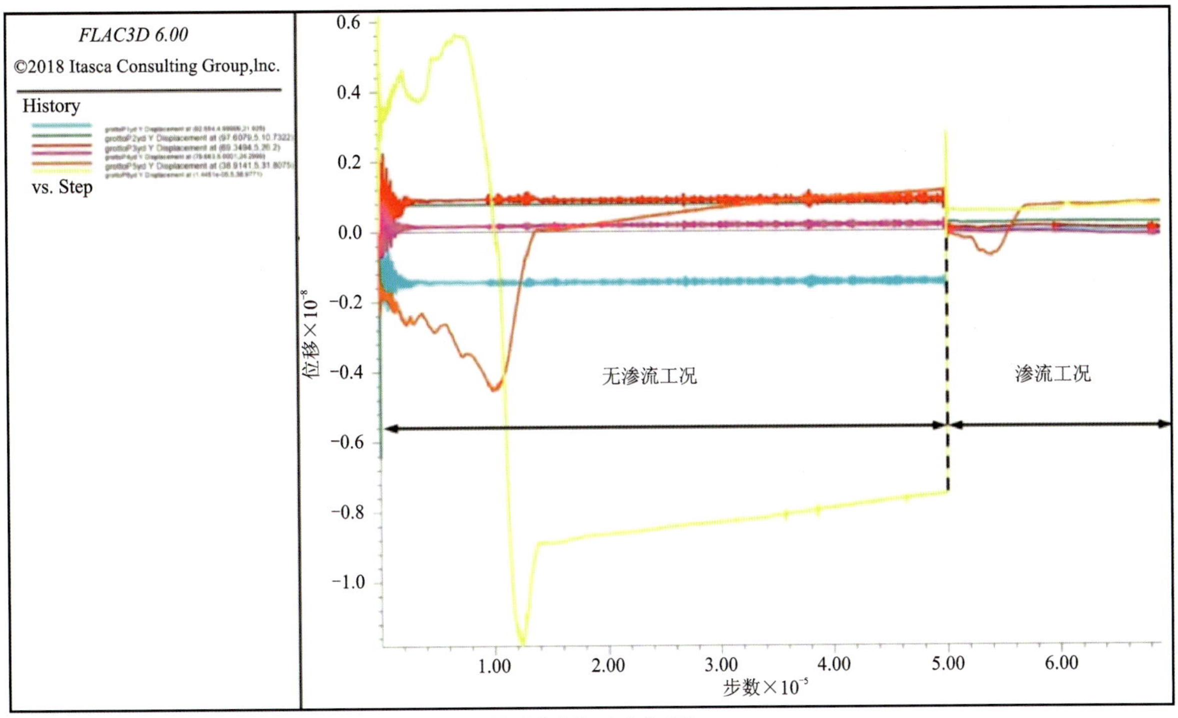

(b) 观察点的Y向位移变化

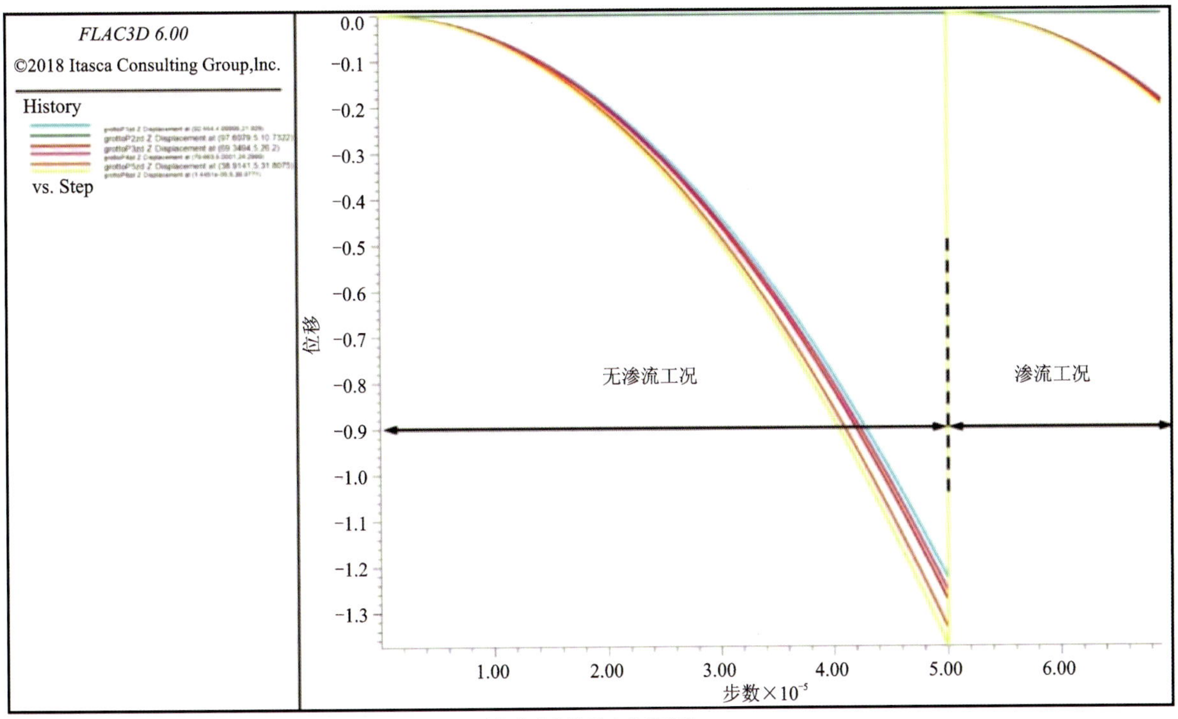

(c) 观察点的竖向位移变化

图 8-51　渗流工况的观察点位移-时步变化曲线

根据渗流工况下的观察点所记录到的位移-时步变化曲线，岩层位移仍以 X 向位移和竖向位移为主，又以竖向位移表现得最为显著，此两个方向上的位移分量总体表现为岩层向临空面的滑动，其中 X 向位移的最大值为 0.4cm，而竖向位移的最大值为 20cm。相比由岩层自重作用引起的岩层滑动，仅由渗流作用引起的岩层滑动的量值要小很多，但二者位移仍在同一量级上且位移在 X、Z 方向上仍具有同

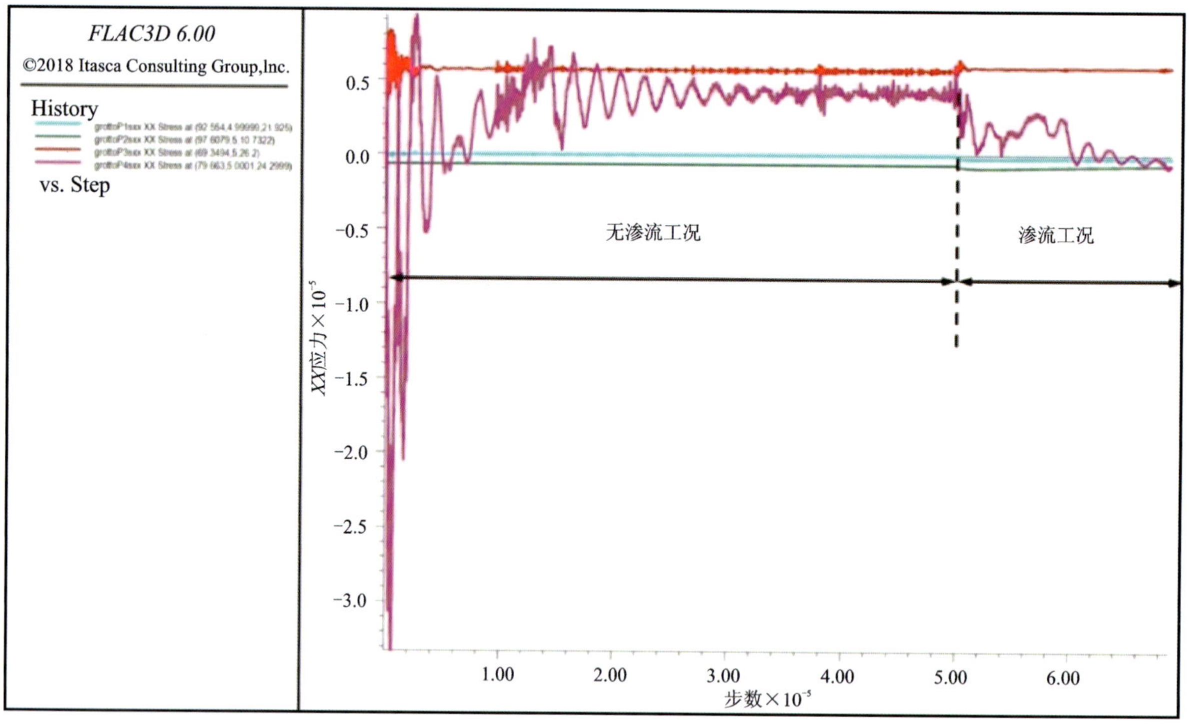

(a) 观察点的XX向应力变化

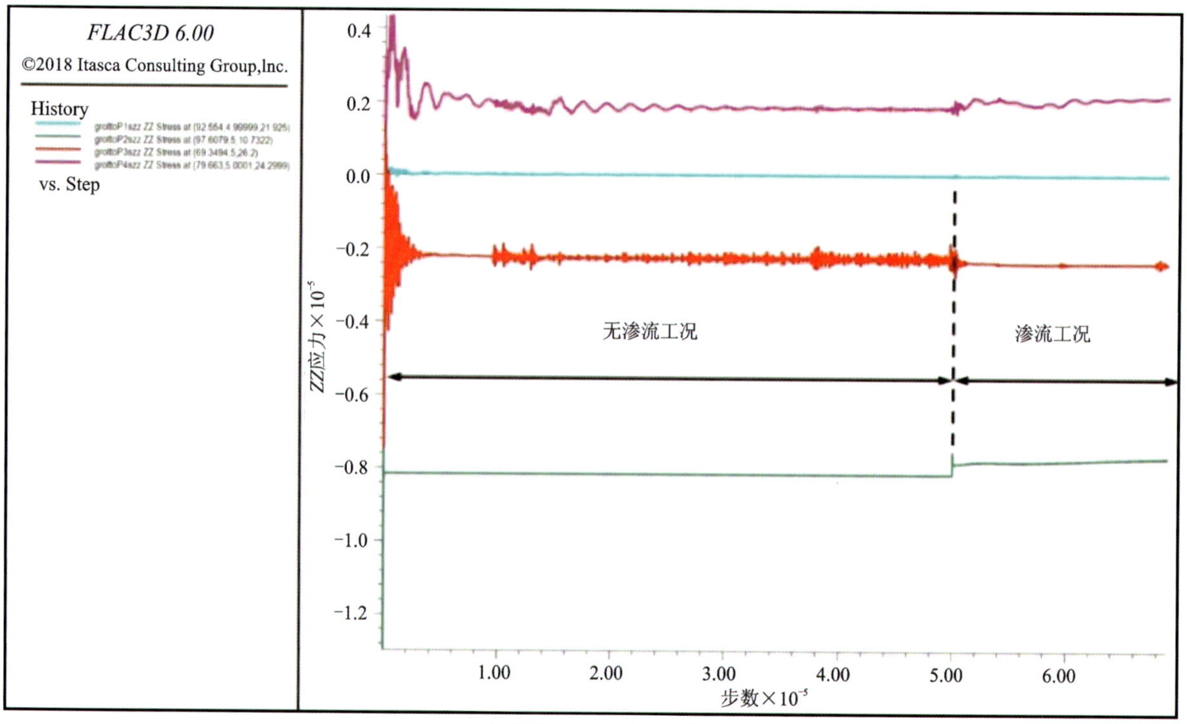

(b) 观察点的ZZ向应力变化

图 8-52　渗流工况的观察点应力-时步变化曲线

步性，尤其在 Z 向上位移变化更具一致性。同时，由渗流作用引起的岩层在 X 向和 Z 向的位移也处于加速发展阶段，但其位移变化速率则要偏小于自重作用。

同样，石窟外侧（观察点 P_1、P_2）相较于石窟内侧（观察点 P_3、P_4）而言，其应力变化幅度很小且很快便达到稳定状态。在渗流作用下，XX 向和 ZZ 向的应力水平相比于无渗流工况都发生了一定程度的变化：石窟内侧的 XX 向正应力明显减小，石窟外侧的 XX 向正应力略有增加；石窟内侧的 ZZ 向正应力稍有增加，而石窟外侧的 ZZ 向正应力有所减少。石窟内侧岩体 ZZ 向拉应力和 ZZ 向压应力的同时出现且在渗流作用下差异扩大化仍然表明其应力分布及变化情形较为复杂。

④渗流工况的观察剖面的位移和应力变化(图 8-53、图 8-54)。

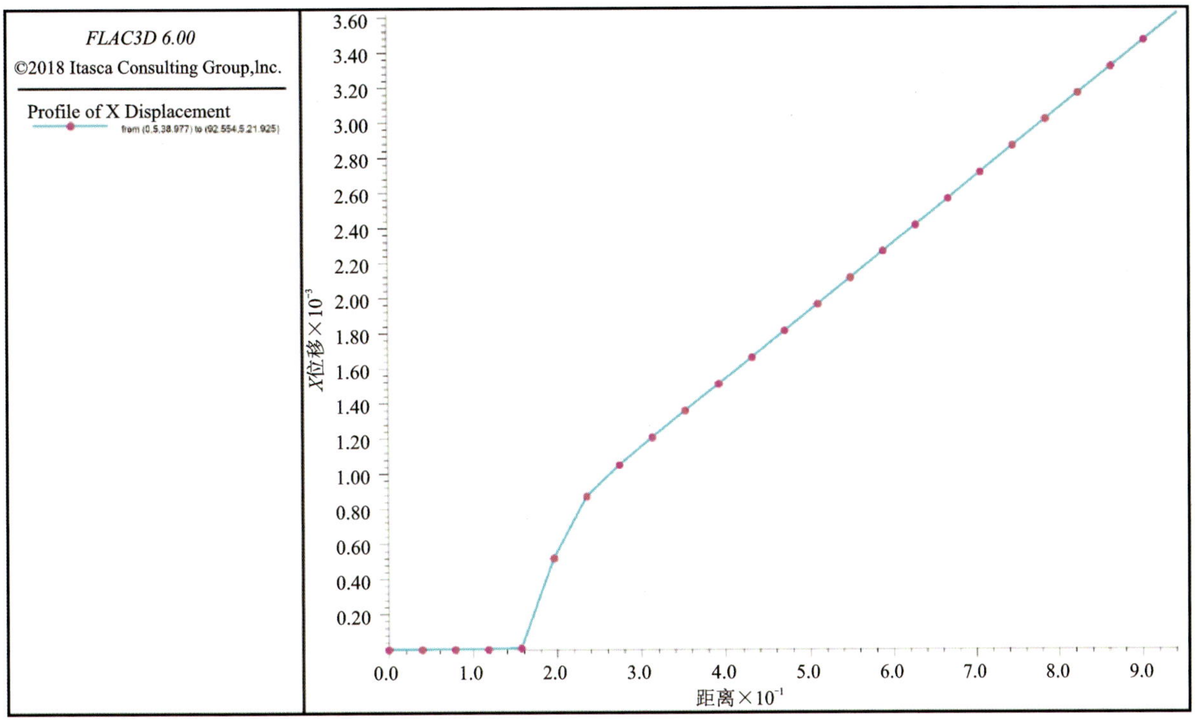

(a) 观察剖面1的X向位移变化

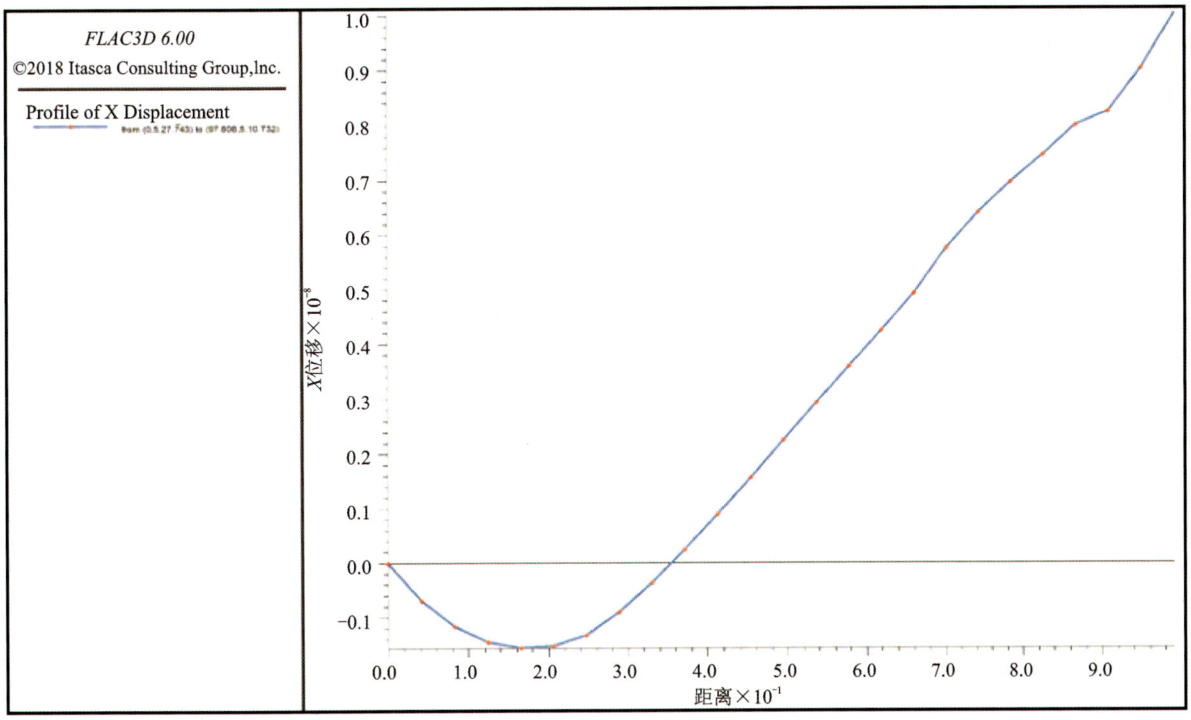

(b) 观察剖面2的X向位移变化

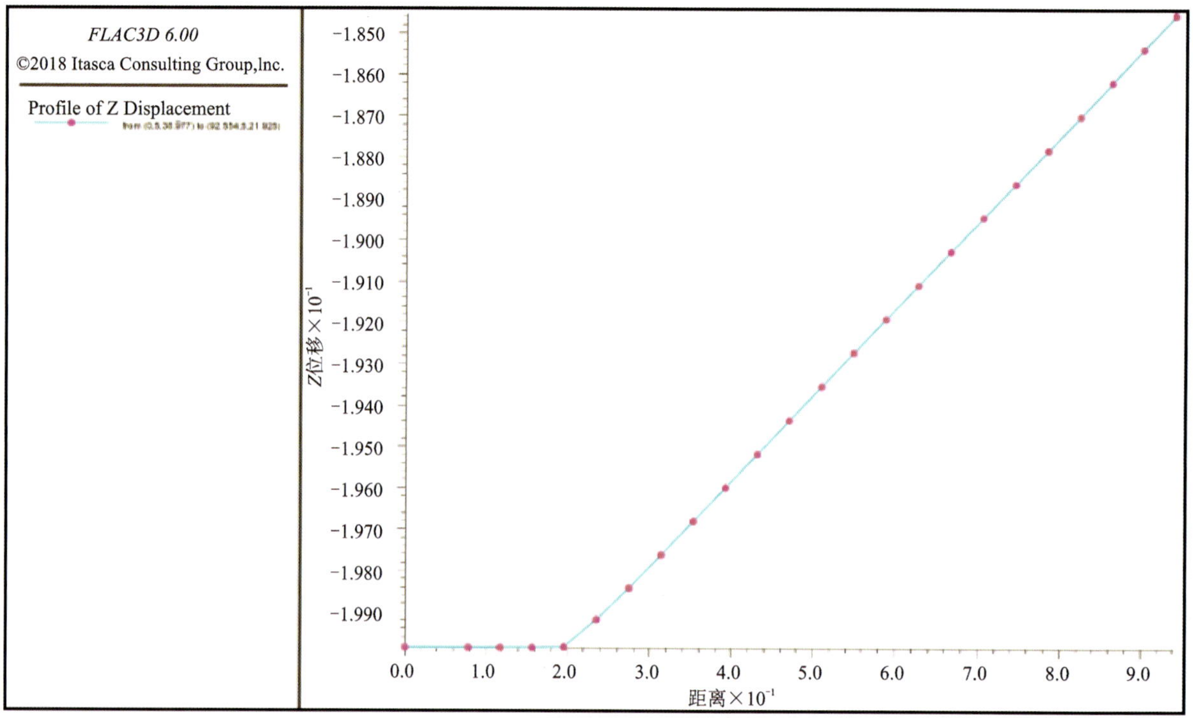

(c) 观察剖面1的竖向位移变化

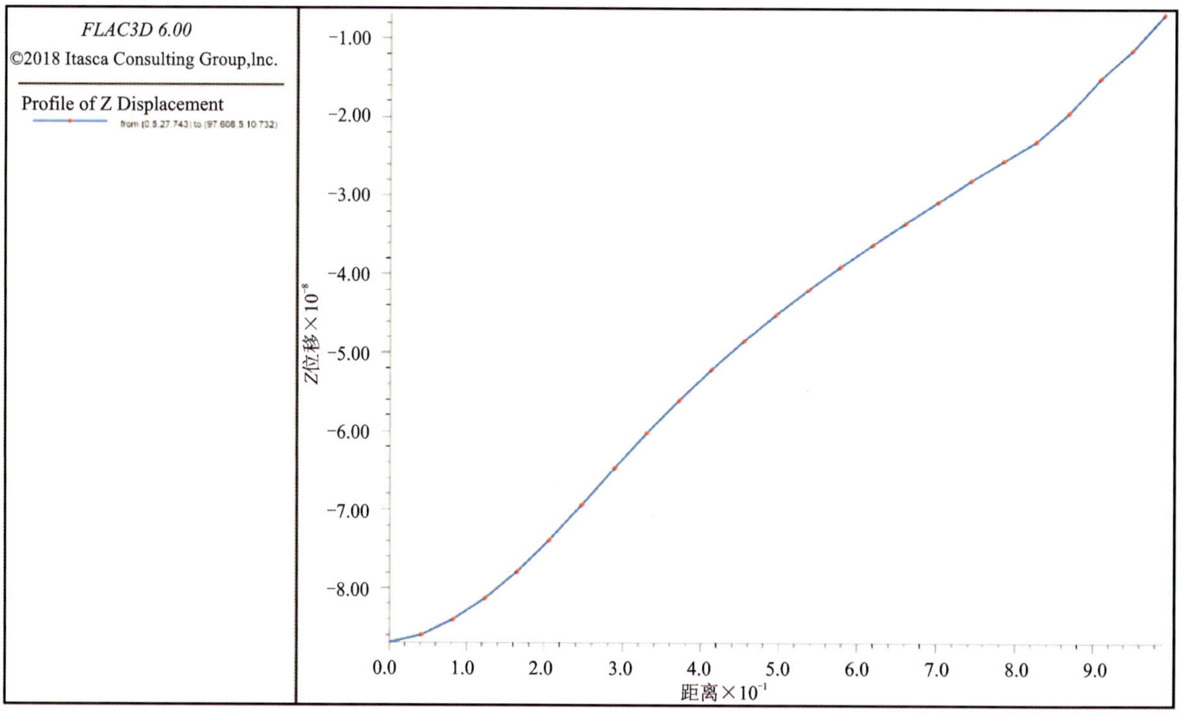

(d) 观察剖面2的竖向位移变化

图 8-53　渗流工况的观察剖面的位移-时步变化曲线

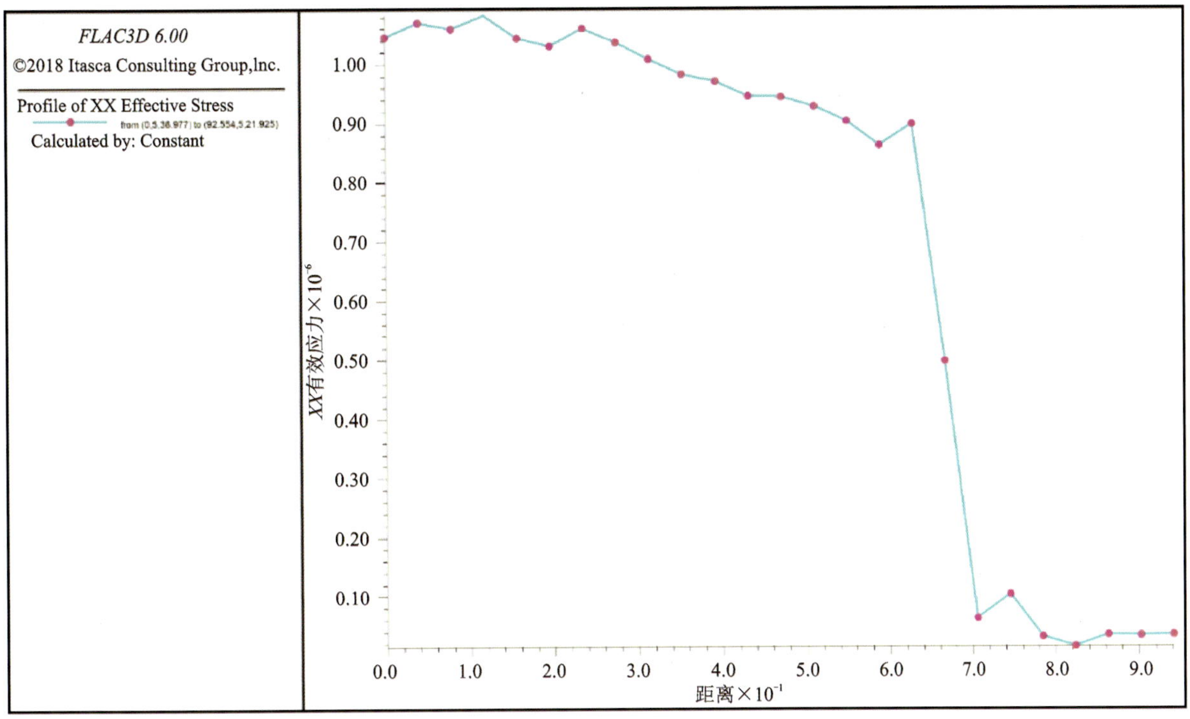

(a) 观察剖面1的XX向有效应力变化

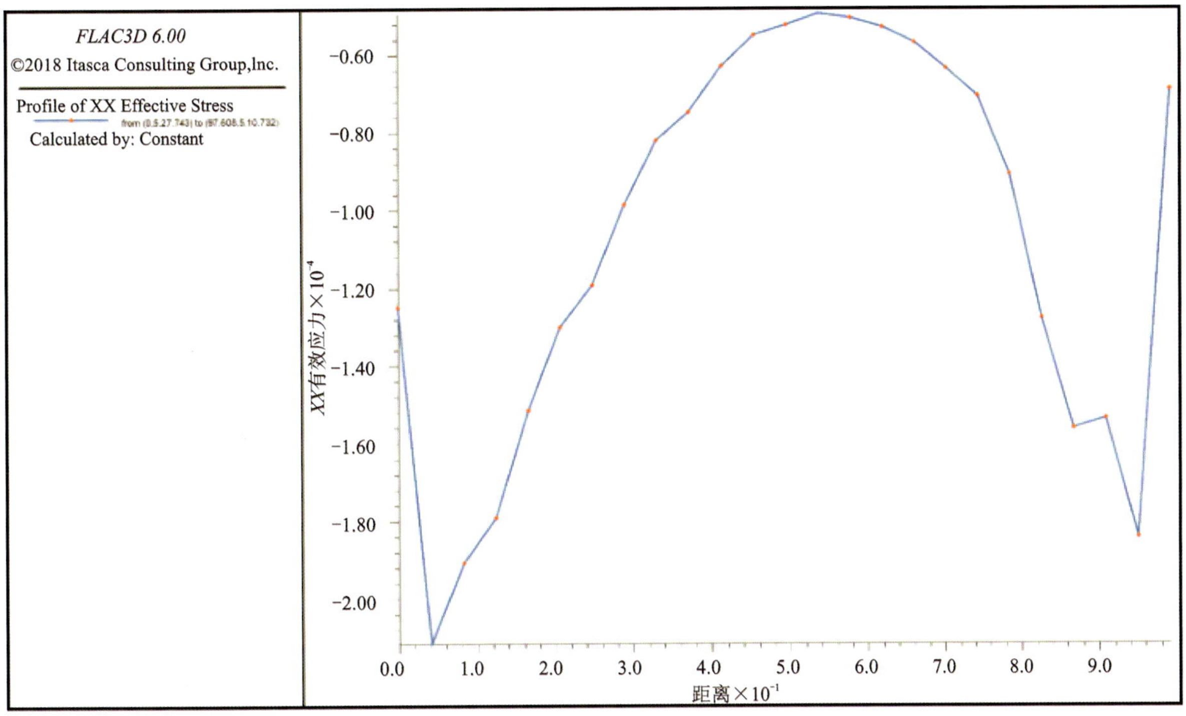

(b) 观察剖面2的XX向有效应力变化

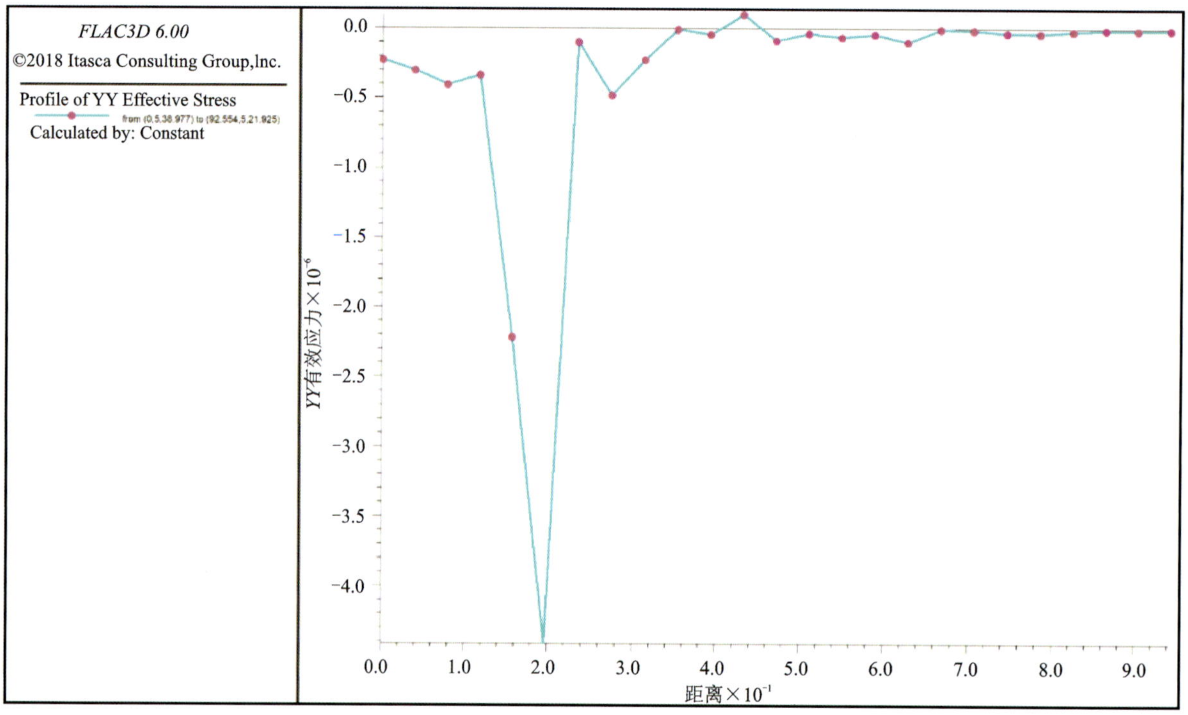

(c) 观察剖面1的*YY*向有效应力变化

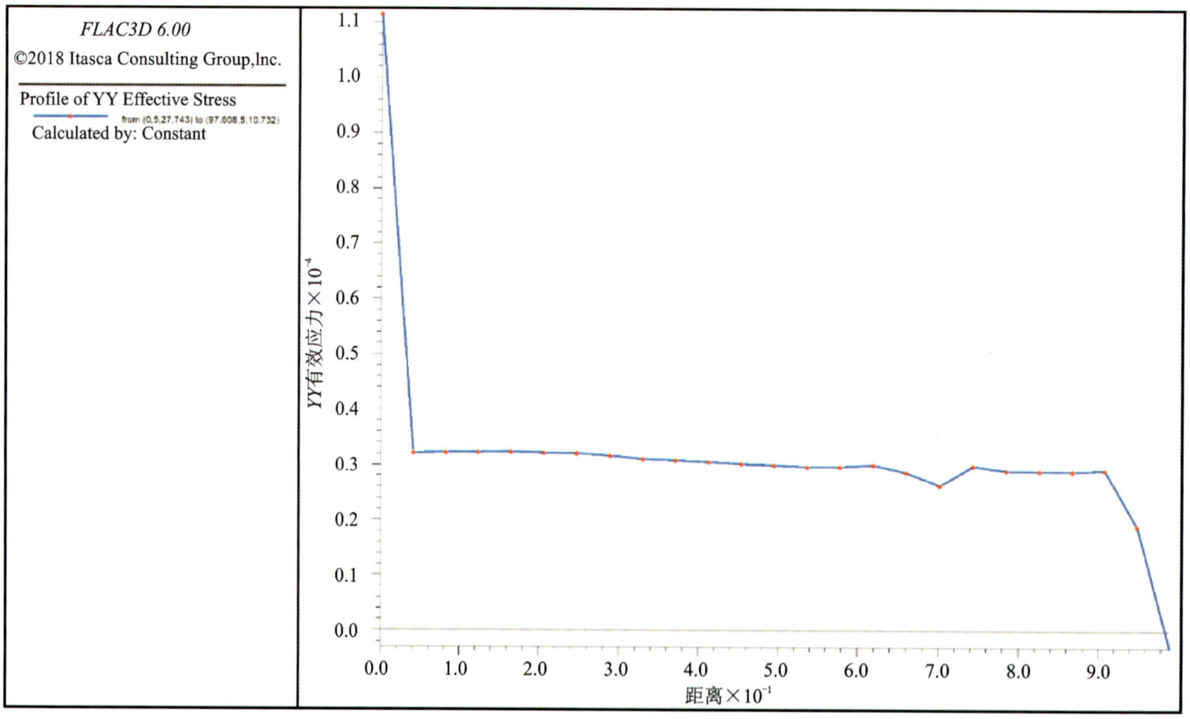

(d) 观察剖面2的*YY*向有效应力变化

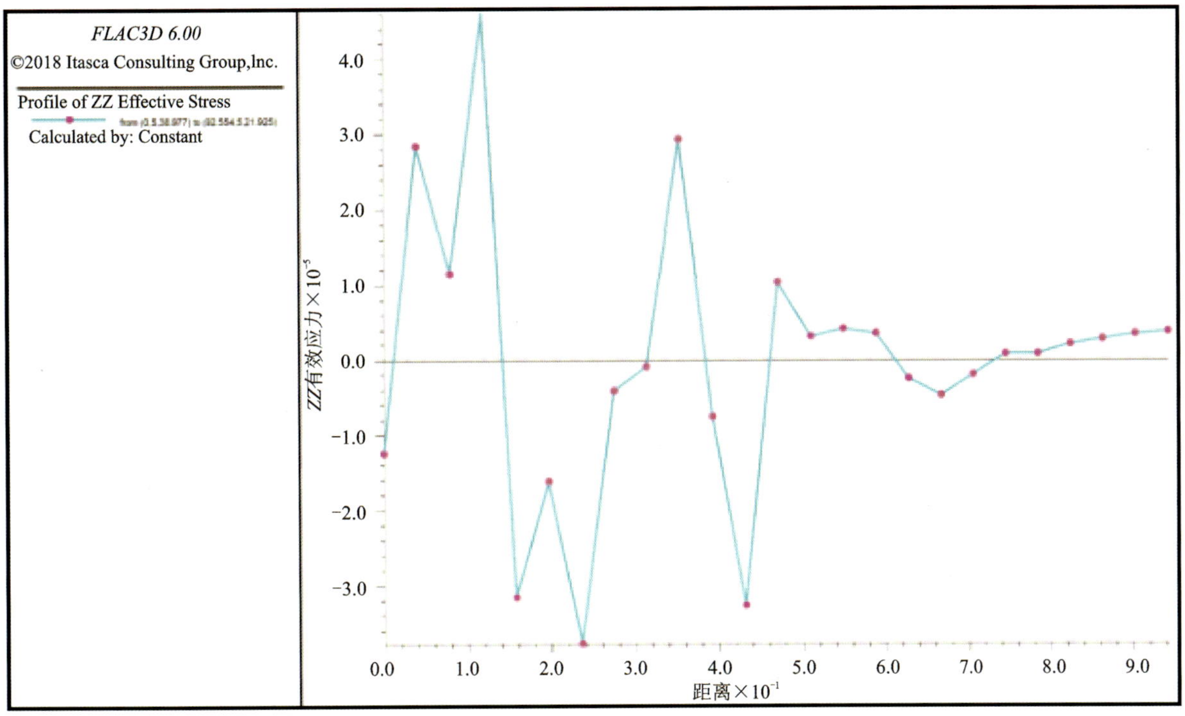

(e) 观察剖面1的ZZ向有效应力变化

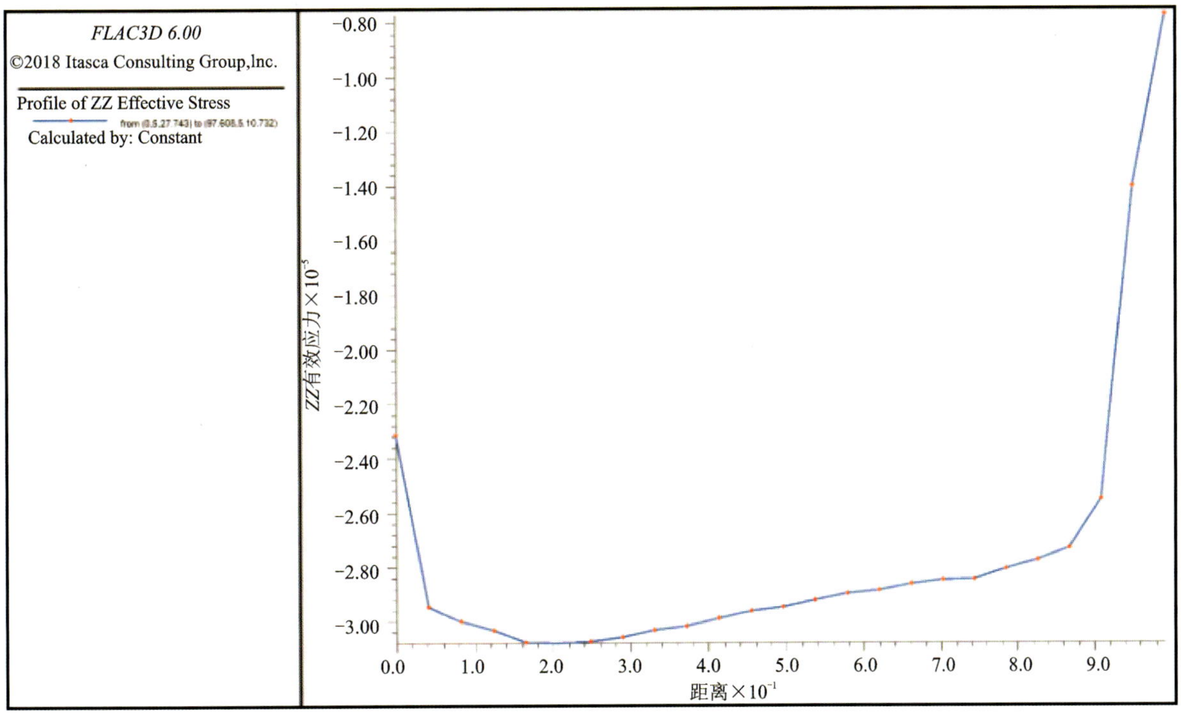

(f) 观察剖面2的ZZ向有效应力变化

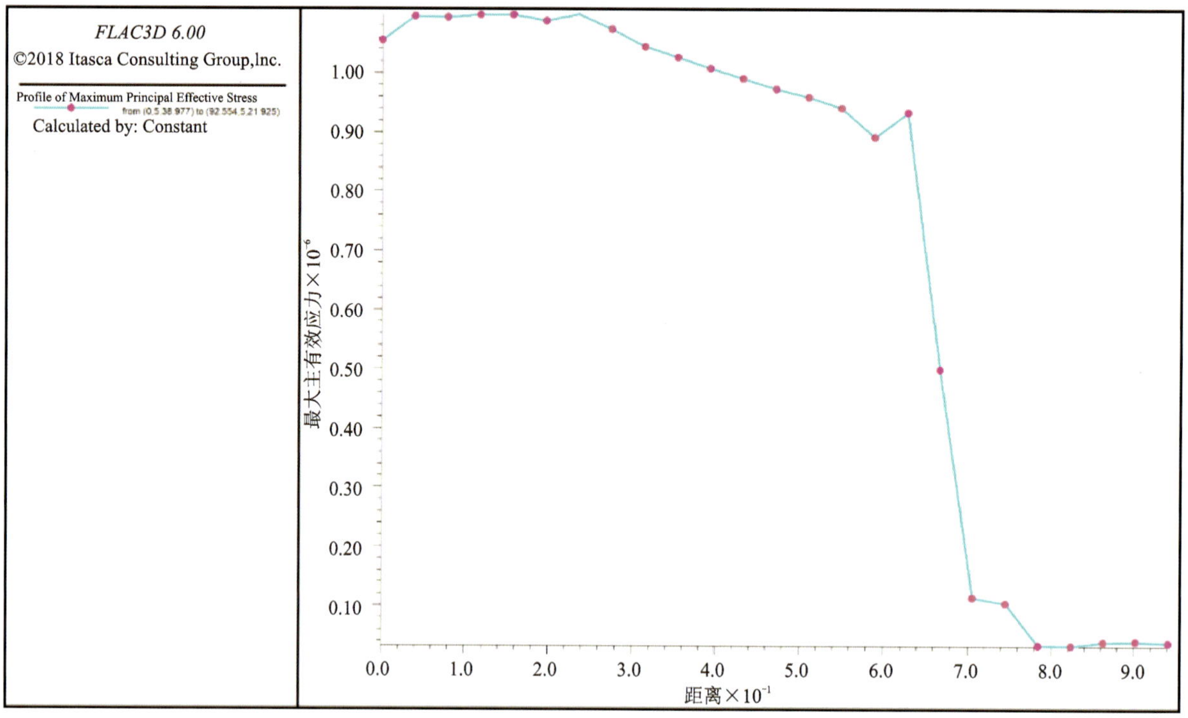

(g)观察剖面1的最大主有效应力变化

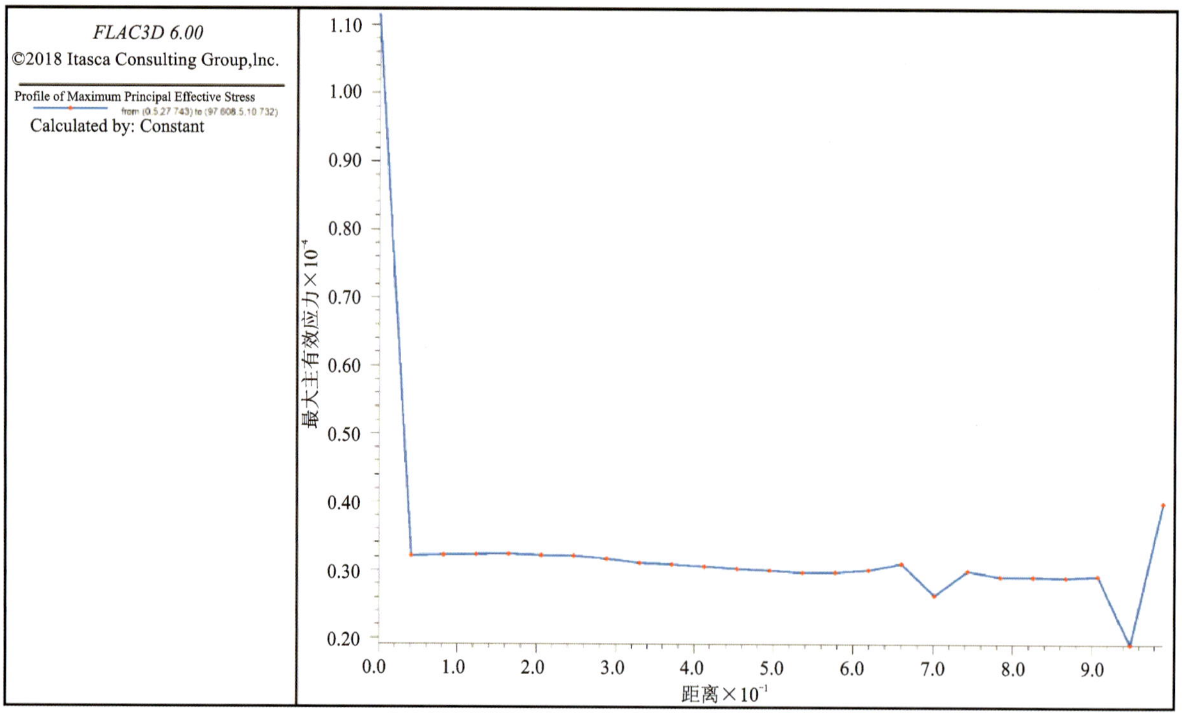

(h)观察剖面2的最大主有效应力变化

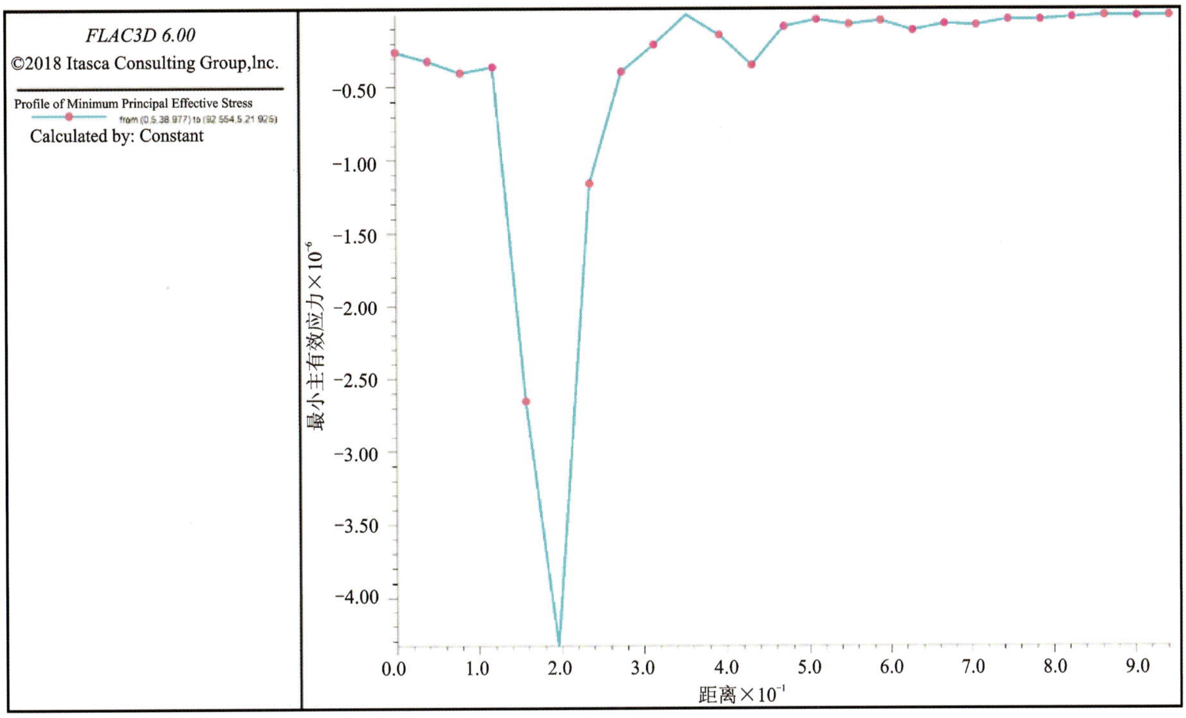

(i) 观察剖面1的最小主有效应力变化

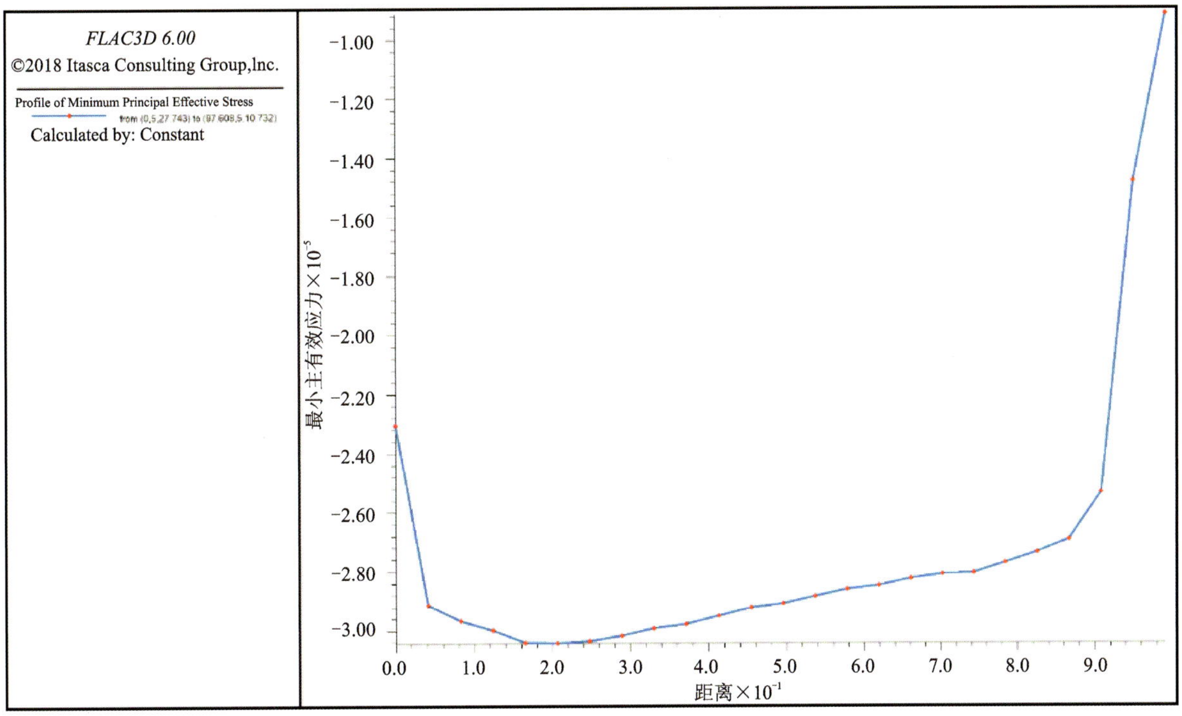

(j) 观察剖面2的最小主有效应力变化

图 8-54 渗流工况的观察剖面的有效应力-时步变化曲线

总体看来，滑动面 1 无论是在 X 向和竖向上的位移，还是各向的应力水平都远大于滑动面 2，且这种差距在渗流作用下得到了增强，这表明滑动面 1 始终是石窟地层的主要滑动面。与无渗流工况相一致的是，在滑动面 1 和滑动面 2 上的 XX 向正应力、YY 向正应力和 ZZ 向正应力在石窟内侧岩体之中始终都存在着剧烈的应力变化甚至转变。同时，结合渗流工况下的孔隙压力分布可以发现，各滑动面石窟外侧各个方向的有效应力相比于石窟内侧都有明显的降低，这一方面受原先岩体自身卸荷作用的影响，一方面也受渗流作用的影响，从而不利于石窟岩体的稳定。

⑤渗流工况的塑性区分布(图 8-55)。

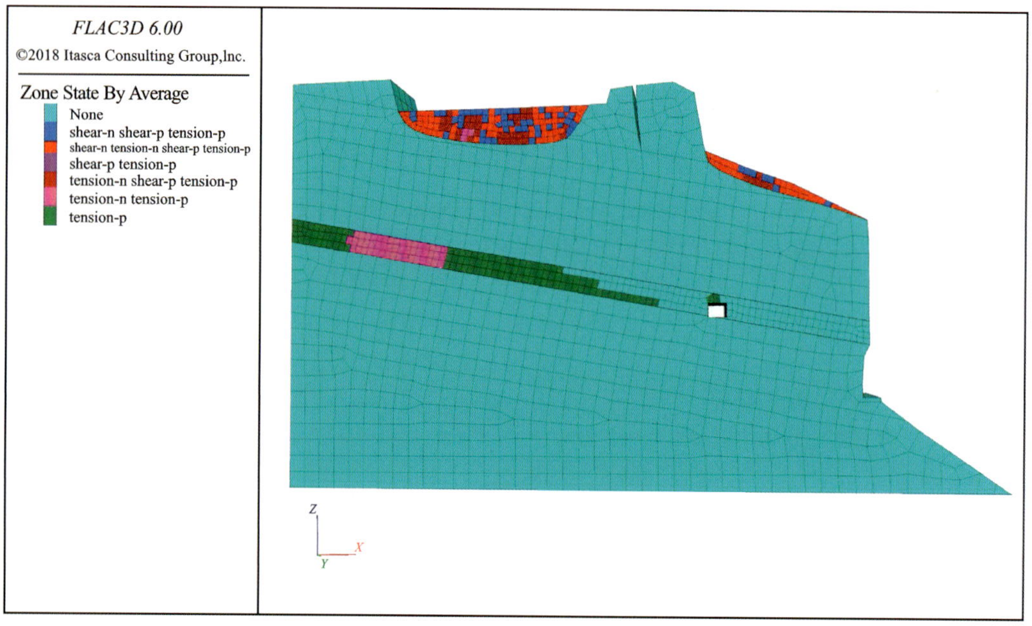

图 8-55　渗流工况的塑性区分布全貌图

总体看来，渗流工况塑性区所呈现的分布特征大致与无渗流工况相同，粉砂岩地层始终是岩体中最为主要的连续塑性变形区，且以拉张变形为主。

5)FLAC3D 数值模拟结果总结

(1)位移分布与变化模拟结果分析

①不论是无渗流工况还是渗流工况，石窟陡崖的位移都以竖向位移和 X 向位移为主，Y 向位移微小，其中竖向位移分量占主导地位，使得在整体上各岩层表现为向临空面滑移，而第四纪冲洪积物则表现为竖向沉降。根据两种工况下各观察点的位移时步曲线，石窟陡崖的位移变化具有同步性，竖向位移变化尤其具有一致性，模拟过程中位移—时步曲线的斜率逐渐增大，这表明岩层的滑移变形具有整体性且处于加速发展阶段。

②上述两种工况的观测剖面位移分布结果表明，滑动面 1 是石窟地层的主要滑动面，由滑动面上各点在各向上的滑移幅度相等这一特征更加证明岩层的位移形式主要是以沿滑面呈整体式的向下滑移。

③无渗流工况和渗流工况的塑性区分布图皆表明，粉砂岩地层是岩体中最为主要的连续塑性变形区，且以拉张变形为主；其中引水渠道上方区域还存在着拉张变形塑性区，该区拉张破坏的存在为岩体内部水流的下渗提供路径。

④渗流工况下石窟陡崖位移的分布变化特征与渗流工况基本一致，在量值上要远小于无渗流工况，其位移变化速率也要偏小于自重作用，但由于渗流作用带岩体饱和度、孔隙压力以及有效应力的变化，粉砂岩地层的石窟外侧区段作为“饱和区”，其位移显著大于石窟内侧区段。这些特征表明渗流作用不能改变岩层位移变形的总体发展趋势，但可以在一定程度上促进岩体变形位移的发展。

(2)应力分布与变化模拟结果分析。

①两种工况下，石窟陡崖的 ZZ 向正应力、XX 向正应力、YY 向正应力(即最小主应力)和 XZ 向剪应力的分布特征基本相同：都在粉砂岩地层中出现了显著的应力集中现象，又以该层内侧区域表现得最明显，其量值要普遍比其他区域的岩体大1～2个数量级；同时正应力和剪应力都在该层顶部层面、底部层面分别出现了正向应力和负向应力的应力分异现象。这些分布特征表明，粉砂岩地层作为钙质砂岩地层和泥质夹粉砂岩地层之间的较薄、较软弱的夹层，是自重应力和构造作用下的主要受剪受压受拉地层。

②两种工况下观察点的应力变化曲线皆表明，石窟外侧的应力波动要小于石窟内侧，且很快便达到稳定状态；石窟内侧的水平向正应力整体上大于石窟外侧，而竖直向正应力则与之相反。观测剖面的应力分布也显示，在滑动面1和滑动面2上各向应力的剧烈变化点甚至是剧烈转变点基本也都位于石窟内侧，越向外侧，应力越转为稳定或者减小到一个较小的应力水平。这反映了对于受临空面和卸荷作用影响的石窟外侧而言，石窟内侧岩体的应力分布及变化更为复杂。还需指出的是，与滑动面1是岩层主要滑动面这一结论相互佐证的是滑动面1各向的应力水平皆显著大于滑动面2。

③渗流作用大致上并未改变各向应力的分布特征和变化趋势，但渗流作用引起岩体饱和度、孔隙压力的差异化分布，使得两个滑动面在石窟外侧各个方向的有效应力相比于石窟内侧都有明显的降低，也使得石窟内侧岩体的竖向应力分异现象扩大化，同时增大了滑动面1与滑动面2的应力水平间的差距。这些变化不利于石窟外侧岩体的稳定。

(3)渗流模拟结果分析。

岩体内部的渗流集中发生粉砂岩地层的外侧区段，以近竖向渗流为主，同时在滑动面1上还存在着沿滑动面1的近水平渗流。在渗流作用下，粉砂岩地层近石窟段处的岩体已经接近饱和，使得此处岩层的孔隙压力集中分布。沿滑面的渗流、竖向下渗以及由此引起的石窟处岩体饱和，在降低岩体强度的同时也将有助于岩层滑动的继续发展。

4. 变形体稳定性分析

根据前述边坡变形体的现状特征、成因条件、影响因素及监测结果，边坡卸荷变形以及卸荷变形带的形成是石窟区控制性地质灾害隐患，目前诸多条件对于该卸荷带的稳定都不利，尤其是与地表水、地下水以及引水隧洞渗漏水相关的因素，对该变形体的稳定有恶化作用。从监测结果及近期新出现的变形破坏迹象可以看出，其活动性有增强的趋势，一旦出现整体破坏，将对文物形成致命性破坏，甚至完全摧毁文物。即使短期内不会出现整体破坏，但越来越大的变形量也会对位于其前缘的文物带来巨大影响。因此对于该主变形体进行治理已经是十分必要的，而且越早越好。主要的措施可以通过控制地表水、地下水以及引水隧洞渗漏水的角度考虑，杜绝恶化其稳定性的元凶，同时加强边坡变形监测。

由上述分析可以看出，石窟区地形与地质条件是形成斜坡卸荷带变形体的内因，也是无法进行根本上改造的；地表水、地下水以及引水隧洞渗漏水是其加剧的直接原因，是可以通过一定的措施进行控制的，这应该是治理的主要着手点。

(三)引水隧洞渗水破坏

穿过石窟区的隧洞，一直漏水严重，从而形成向地下水的持续渗水，引起地下水水位的抬升，导致崖面上裂隙地下水渗出点上移至石窟造像的下半部分位置，使得造像及崖面潮湿严重、苔藓滋生，甚至都是渗水滴落，见图8-56和图8-57。

地下水渗出点以上则较为干燥，岩面较为新鲜，较少有生物生长，形成上下截然的界线。前期采用砂浆抹面等方式进行过漏水的整治，漏水得到过一定程度的控制，石窟崖面的渗水得到一定的减轻，但目前仍然较为严重。

图 8-56　石窟寺内的渗水(2020 年 5 月)

图 8-57　石窟寺外崖壁常年性渗水(2020 年 5 月)

隧洞的渗水不仅对石窟佛像文物的保护不利，而且大量渠水进入岩层内，会加剧深部岩层的软化、风化，从而降低边坡的整体稳定性。所以，对于引水隧洞渗漏问题的治理也是刻不容缓的。

二、勘察结论与建议

(1)由于特殊的地质条件、气候条件及与人类活动的相互作用，石窟区存在一系列的地质病害(灾害)，地质病害以石龛和崖壁渗水及渗水堆积、生物、岩体掉块、风化等类型为主，地质灾害以崩塌、滑坡、地裂缝以及卸荷带变形破坏为主。

(2)前期开展的一系列治理工程取得良好效果。主要是针对石龛掉块、摩崖岩壁崩塌与开裂等地质病害和地质灾害。从现状调查结果看，加固工程效果较好，总体上达到了其加固目的。

(3)目前尚存的主要地质病害(灾害)有石龛和崖壁渗水、生物、风化以及新生的滑坡(NS01 滑坡)、卸荷带变形破坏、隧洞渗水破坏等。隧洞渗水对其他病害有直接的影响和加剧作用。

(4)NS01 滑坡稳定性较差，正处于加速蠕滑过程中。主变形体出现一些新的发展迹象，监测结果也印证了这一点。同时与地裂缝的发展相互促进。

(5)地质病害与地质灾害的发生既有其内在的控制，也有外部因素的影响。其中引水隧洞的渗水直接加剧上述地质病害与地质灾害的发生与发展，地表水的入渗以及不当的地表水排泄方式也是主要原因之一。

(6)根据目前尚存地质病害与地质灾害的发展情况，及时开展有针对性的保护与预加固十分必要。如果不及时采取措施，待这些地质灾害发展到十分严重的程度，再进行加固将十分困难，甚至难以挽回损失。

(7)建议加固措施重点从治水止水的方面开展，同时对新生滑坡采用抗滑、锚固等措施加固。这样就可以与前期实施的崖面加固相结合，对整个石窟区完成系统的、立体式的保护与加固。

三、方案设计原则

(一)保护原则

(1)遵循不改变文物原状、最小干预的文物保护原则。所选用的加固措施以对文物及遗址的干扰最小为原则，保持加固部位与整体环境的协调性。

(2)保护工程坚持不改变文物体的原状，保护文物真实性的原则，在保护工程实施过程中，不允许对文物体造成新的破坏和影响。

(3)严格控制工程范围、规模与工程量，避免过度干预。

(4)保护工程应遵循可识别性和可持续性(可逆性)的保护原则。

(5)重点突出的原则，重点针对危及文物本体及其载体稳定性和耐久性的主要病害进行加固，对于暂不具备工程保护措施实施且危险性较低的病害，多以加强监测为主；

(6)整体稳定与局部补强相结合的原则。首先保证整体的稳定性，在此基础上进一步考虑局部的稳定。

(7)失稳岩体的加固保护必须考虑可能出现的暴雨、地震等突发因素，保护措施宜采取隐蔽性结构加固措施，例如锚固、注浆封闭等。

(8)工程实施遵循“动态设计、信息化施工”原则。

(二)保护工程性质、内容

1. 性质

根据国家文物局批复意见(文物保函〔2020〕972 号)：属于抢险加固工程。

2. 内容

在分析影响文物保护范围内危岩体地质病害影响因素的基础上，科学地评价岩体稳定性及病害病因，在遵循文物保护原则的前提下，对不稳定危岩体提出科学、合理、经济的治理措施，有效保证文物本体和游客的安全，开展仙佛寺危岩体的二期加固。

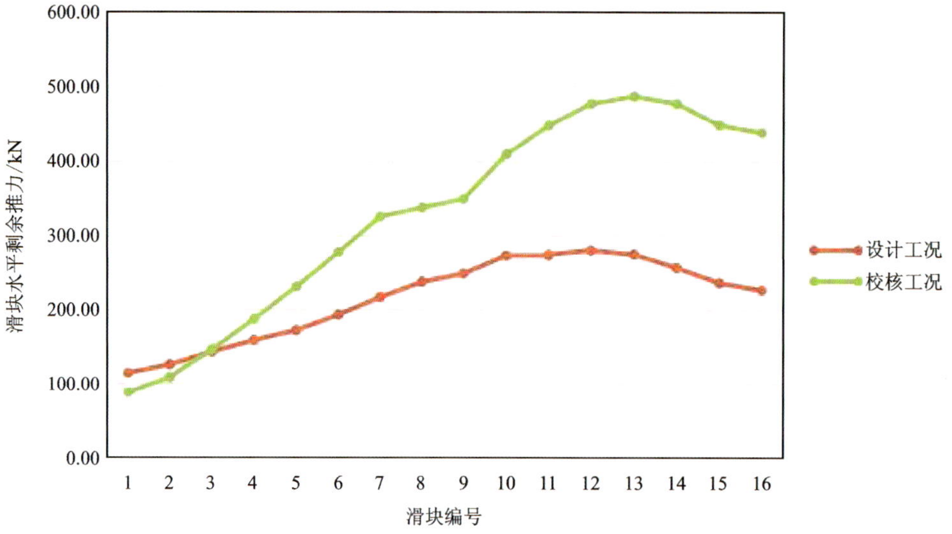

图 8-58　滑块剩余推力水平分量曲线

校核工况下的最大水平推力在第 13 条块，为 497kN，最后一个条块的水平剩余推力为 437kN，考虑部分利用抗滑段的抗力，确定校核工况下安全系数达到 1.05 所需的水平锚固力为 450kN。

对比校核工况下与校核工况下的水平剩余推力大小，确定该滑坡水平剩余推力按 450kN 设计。

以上数据均是指单宽滑坡的推力。

2. 锚杆设计

1)锚固力计算

对于滑坡体，前文验算其稳定性系数，根据其稳定要达到的安全系数可以计算得到断面上所需要的锚固力及单根锚杆的水平锚固力。

2)锚杆轴向拉力计算

锚杆轴向拉力标准值和设计值按下式计算：

$$N_{ak} = \frac{H_{tk}}{\cos\alpha}$$

式中：N_{ak}为单个锚固点锚索轴向拉力设计值(kN)；H_{tk}为锚杆所受的水平拉力标准值(kN)；α 为锚杆倾角(°)。

经计算，地梁处锚杆轴向拉力标准值N_{ak}=223.89kN，挡墙处锚杆轴向拉力标准值N_{ak}=189.87kN。

3)锚杆钢筋截面面积

根据《建筑边坡工程技术规范》(GB 50330—2013)第 8.2 节公式计算钢筋截面面积及锚固体长度。钢筋截面面积应满足：

普通钢筋锚杆

$$A_s \geqslant \frac{K_b N_{ak}}{f_y}$$

预应力锚索锚杆

$$A_s \geqslant \frac{K_b N_{ak}}{f_{py}}$$

式中：A_s为锚杆钢筋截面面积(m^2)；K_b为边坡重要工程系数，本工程边坡属于一级边坡，取 2.2；f_y、f_{py}为普通钢筋或预应力钢绞线抗拉强度设计值(kPa)，选用 HRB400 螺纹钢筋，所以取f_y=360MPa。

经计算，地梁锚固部分所需锚杆钢筋最小横截面积A_s=1368mm^2，为提高安全性，选择 3 根钢筋直

径 $d=25\text{mm}(A_s=1472\text{mm}^2)$；挡墙锚固部分所需锚杆钢筋最小横截面积 $A_s=1\ 138.08\text{mm}^2$，为提高安全性，选择 3 根钢筋直径 $d=25\text{mm}(A_s=1472\text{mm}^2)$。

4)锚杆锚固段长度计算

锚杆锚固体与地层的锚固段长度应满足下式：

$$l_a \geqslant \frac{KN_{ak}}{\pi D f_{rbk}}$$

锚杆钢筋与锚固砂浆的锚固长度应满足下式：

$$l_s \geqslant \frac{KN_{ak}}{n\pi d f_b}$$

采用 l_a、l_s 中的大值。

式中：l_a为锚杆锚固段长度(m)；l_s为锚筋与砂浆间的锚固段长度(m)；K 为岩土锚杆锚固体抗拔安全系数；D 为锚固体直径(m)；f_{rbk}地层与锚固体极限黏结强度特征值(kPa)；n 为钢筋根数(根)；d 为钢筋直径长度(m)；f_b为锚索与水泥砂浆的黏结强度设计值(kPa)。

5)锚杆长度

锚杆总长度应为锚固段、自由段和外锚头的长度之和，自由段长度为外锚头到潜在滑裂面的长度，且应超过潜在滑裂面 1.5m。本治理工程设计采用的是永久性锚杆，根据《建筑边坡工程技术规范》(GB 50330—2013)表中分别取 $K=2.6$、$f_b=2.40\text{MPa}$、$f_{rbk}=1400\text{kPa}$；设计孔径采用 110mm；设计砂浆强度 M30。

按上两式计算，根据《建筑边坡工程技术规范》(GB 50330—2013)第 8.4.1 条规定，岩石锚固段长度不应小于 3m，故按构造要求锚固段长度取 3m。考虑基岩强风层厚度及潜在滑动面深度的影响，自由段深入滑面 2m，地梁锚固设计部分中分别取自由段长为 18m、16m、14m、11m、9m，外锚段长度 0.3m，从而地梁锚固设计部分锚杆取 21.3m、19.3m、17.3m、14.3m、12.3m 长 5 种锚杆(依次编号为 M1A、M1B、M1C、M1D、M1E)。挡墙锚固部分取自由段长为 9m、7m,，从而挡墙锚固设计部分锚杆取 12m、10m 锚杆(编号分别为 M1F、M1G)。上述每根锚杆钢筋为 3Φ25mm，锚孔直径 110mm。

6)其他设计

综合根据滑坡体特征及规范要求，确定钻孔直径与锚杆锚固倾角、锚杆间距。地梁锚固设计部分锚头与纵筋焊接，焊接长度 0.3m，注浆材料为水泥砂浆，水泥采用普通硅酸盐水泥，等级为 42.5，浆液的配比水泥∶砂∶水为 1∶1∶0.43，强度不小于 M10。挡墙锚固部分锚头与缀板螺栓连接，注浆材料为水泥砂浆，水泥采用普通硅酸盐水泥，等级为 42.5，浆液的配比水泥∶砂∶水为 1∶1∶0.43，强度不小于 M10。

3. 滑坡体锚固设计参数

根据滑坡体稳定性分析及具体的地质特征，按照上述设计方法，各滑坡体锚杆加固设计参数如表 8-8、表 8-9 所示。单根锚杆工作量见表 8-10，表中所列为不同长度的锚杆所需的材料。

表 8-8　地梁锚固设计参数

锚固设计	设计指标	单位	设计值
锚固力计算	稳定性系数最小值	—	0.857 2
	安全系数	—	1.05
	锚杆所受水平拉力	kN	440.17
	单个锚固点锚索轴向拉力设计值 N_{ak}	kN	223.89

式中：e_{hk}为滑坡剩余下滑力水平分力标准值（kN/m²）；$F_{下滑力}$为滑坡下滑力（kN/m²）；α 为下滑力角度（°）。

计算可得e_{hk}=25.25kN/m，故岩石侧向压力垂直坡面分力标准值$e'_{hk}=e_{hk}\sin\alpha$=21.87kN/m。地梁按 2.5m 间距布置，承载力计算模式按连续梁计算。其计算跨度 l=3.0m（即竖向间距），负荷面积为 2.5m×3.0m，其承受均布荷载为 $q=2.5\times21.87=54.68kN/m$，肋柱最大弯矩标准值为 $M=0.078,ql^2=38.38$kN·m，弯矩设计值为 $M_0=1.35M=51.82$kN·m。

2. 地梁设计

设计截面为矩形截面，尺寸（$b\times h$）为 250mm×400mm，为简化计算，肋柱按矩形断面考虑，计算最大弯矩需配置的钢筋。地梁截面设计以及配筋设计所用参数详见表 8-11。

表 8-11　地梁设计参数表

设计项		单位	设计值
地梁布置	水平间距 a	（m）	2.50
	纵向间距 b	m	3.00
地梁受力设计	岩石侧向压力垂直坡面分力标准值e_{hk}	kN/m	21.87
	均布荷载 q	kN/m	54.68
	最大剪力V_{max}	kN	98.42
	剪力设计值 V	kN	132.86
	肋柱最大弯矩标准值 M_0	kN·m	38.38
	弯矩设计值 M	kN·m	51.82
地梁截面设计	矩形截面尺寸 $b\times h$	mm	250×400
	纵向受拉筋保护层厚度a_s	mm	40
	纵向受压钢筋合力砂浆保护层厚度a'_s	mm	40
	截面有效高度 h_0	mm	360
混凝土	混凝土强度等级	—	C30
	混凝土抗压强度f_c	N/mm²	14.3
	混凝土抗拉强度f_t	N/mm²	1.43
钢筋纵筋	钢筋纵筋等级	—	HRB335 级钢筋
	纵筋钢筋抗拉强度f_y	N/mm²	300
钢筋箍筋	箍筋等级	—	热轧 HPB300 级钢筋
	箍筋钢筋抗拉强度f_{yv}	N/mm²	270

3. 地梁正截面设计

混凝土强度等级为 C30，纵筋选用 HRB335 级钢筋，$\alpha_1=1.0$，$\beta_1=0.76$，$h=400$mm，$b=400$mm，$h_0=360$mm，$\xi_b=0.55$。

$$x=h_0-\sqrt{h_0^2-\frac{2M}{\alpha_1 f_c b}}=360-\sqrt{360^2-\frac{2\times109\ 700}{1\times14.3\times400}}=0.042\ 8\ (\mathrm{m})\leqslant\xi_b h_0=0.198$$

$$A_s=\frac{\alpha_1 f_c b\xi h_0}{f_y}=\frac{1\times14.3\times400\times360}{300}=510\ (\mathrm{mm^2})$$

$$\rho_{min}bh = 0.002 \times 400 \times 400 = 320\ (mm^2) < A_s = 510(mm^2)$$

选用 3Φ16 钢筋，取$A_s = 603mm^2$。

因此，根据构造要求，结合本工程实际，选取 3Φ16 纵向受拉钢筋、2Φ10 构造钢筋进行配置。

4. 地梁斜截面验算

截面尺寸 250mm×400mm，混凝土强度等级为 C30，箍筋为热轧 HPB300 级钢筋，纵筋为 3Φ16 的 HRB335 级钢筋，截面的剪力最大值为 98.42kN，依据《混凝土结构设计规范》(GB 50010—2010)对地梁进行配筋设计以及验算。

1)验算截面尺寸

$$h_w = h_0 = 360\ mm,\ \frac{h_w}{b} = \frac{360}{250} = 1.44 < 4$$

属厚腹梁，混凝土强度等级为 C30，$f_{cuk} = 30N/mm^2 < 50N/mm^2$，故$\beta_c = 1$。

$$0.25\beta_c f_c b h_0 = 0.25 \times 1 \times 14.3 \times 250 \times 360 = 321\ 750\ (N) > V_{max} = 98.42(kN)$$

截面符合设计要求。

2)验算是否需要配置箍筋

$$0.7 f_t b h_0 = 0.7 \times 1.43 \times 250 \times 360 = 90\ 100N < V_{max} = 98.42(kN)$$

故需要进行配箍。

3)只配箍筋而不用弯起钢筋

$$V = 0.7 f_t b h_0 + 1.25 f_{yv} \cdot \frac{nA_{sv1}}{S} \cdot h_0$$

$$173\ 600 = 90\ 100 + 1.25 \times 270 \times \frac{nA_{sv1}}{S} \times 360$$

则 $\frac{nA_{sv1}}{S} = 0.352(mm)$

若选用 2Φ8，实有箍筋间距 $S = \frac{nA_{sv1}}{0.352} = \frac{2 \times 50.3}{0.352} = 0.285\ (m)$，取 $S = 200\ mm$。

配箍率$\rho_{sv} = \frac{nA_{sv1}}{bS} = \frac{2 \times 50.3}{250 \times 200} = 0.002\ 8\%$

最小配箍率 $\rho_{svmin} = 0.24\frac{f_t}{f_{yv}} = 0.24 \times \frac{1.43}{210} = 0.163\% < \rho_{sv}$

只配箍筋而不用弯起钢筋时，截面配箍设计符合要求。

5. 地梁工程量

滑坡体地梁的工程量见表 8-12。

表 8-12　地梁工程量

构件	规格	单根长度/m	重量/kg	体积/m³
纵向受力筋	3Φ16	15	1 373.13	—
构造筋	2Φ10	15	407.22	—
箍筋	75Φ8	1.1	715.11	—
混凝土梁	C30	15	—	33

(五)腰梁设计

在滑坡推力作用下,位于滑坡体下部的挡墙的墙体开裂,形成了一道贯穿于挡墙第六级台阶至第八级台阶的裂缝(图 8-59),故于挡墙的第八级台阶和第七级台阶采用腰梁与锚杆结合的方式对其进行加固处理。

图 8-59 挡墙外貌和裂缝分布

1. 钢材型号选用

腰梁由两条型钢组合而成,试选择普通工字钢截面,钢材选用为 Q235,结构安全等级为二级。

2. 荷载组合设计

岩土侧向压力水平力标准值:

$$e_{hk} = \frac{F_{下滑力} \times \cos\alpha}{0.875H}$$

式中:e_{hk}为滑坡剩余下滑力水平分力标准值(kN/m^2);$F_{下滑力}$ 为滑坡下滑力(kN/m^2);α 为下滑力角度(°)。

计算可得e_{hk}=35.96kN/m^2,腰梁布置在第六级、第八级台阶,腰梁布置间距为 2.04m,承载力计算模式按连续梁计算。其计算跨度 l=2.5m(即横向间距),腰梁所承受的均布荷载标准值为 q=2.04×35.96=73.36(kN/m)。

3. 最大弯矩计算

按跨中截面计算腰梁为三跨时的最大弯矩,设计荷载下(暂不计自重)的最大弯矩:

$$M_{max} = 0.078ql^2 = 0.078 \times 73.36 \times 2.5^2 = 35.76(\text{kN} \cdot \text{m})$$

梁的弯矩设计值为

$$M = \gamma_s M_{max} = 1.35 \times 35.76 = 48.28(\text{kN} \cdot \text{m})$$

式中:γ_s为弯矩的恒载分项系数(N/mm^2)。

支座处最大剪力为

$$V_{max} = 0.6ql = 0.6 \times 73.36 \times 2.5 = 110.04(kN)$$

支座处剪力设计值为

$$V = \gamma_s V_{max} = 1.35 \times 110.04 = 148.56(kN)$$

4. 截面设计

梁所需要的净截面抵抗矩

$$W_{nx} = \frac{M}{\gamma_x f} = \frac{48.28 \times 1000}{2 \times 1.05 \times 215} = 106.93(cm^3)$$

式中：f 为抗弯强度设计值（N/mm^2），取 $f = 215$；γ_x 为塑性发展系数，对于工字钢，取 $\gamma_x = 1.05$。

由《普通工字钢》(GB/T 706—2020)，工字型梁型号选用 I16，惯性矩 $I_x = 1130cm^4$，半截面面积矩 $S_x = 81.88cm^3$，$I_x / S_x = 13.8cm$，工字型钢截面模量 $W_n = 141cm^3$，翼缘平均厚度 $t_w = 9.9mm$，理论质量为 20.5kg/m。

5. 强度及刚度验算

1）强度验算

$$\sigma = \frac{M}{W_x \gamma_x} = \frac{48.28 \times 1000}{2 \times 1.05 \times 106.93} = 163.05(N/mm^2) < f = 215(N/mm^2)$$

$$\tau = \frac{V S_x}{I_x t_w} = \frac{148.56 \times 1000}{2 \times 1130 \times 9.9} = 84.3(N/mm^2) < f' = 125(N/mm^2)$$

式中：V 为梁所承受的剪力设计值（N）；τ 为支座处最大剪应力（N/mm^2）。

2）刚度验算

采用标准荷载，按三跨梁计算，工字型梁的最大挠度为

$$\upsilon = 0.677 \frac{q l^4}{100 E I_x} = \frac{0.677 \times 73.36 \times 1.35 \times 0.5 \times 3000^4}{100 \times 206 \times 1130} = 5.63(mm) < [\upsilon]$$

$$= \frac{l}{400} = \frac{2500}{400} = 6.25(mm)$$

式中：υ 为梁的最大挠度（mm）；$[\upsilon]$ 为梁的容许挠度（mm）。

从而工字型梁刚度符合要求。

3）组合效应验算

$$\sigma_c = \sqrt{\sigma^2 + 3\tau^2} = \sqrt{163.05^2 + 84.3^2} = 188.29(N/mm^2) < 1.1f = 236.5(N/mm^2)$$

从而所选用的工字钢腰梁符合设计要求。

6. 缀板设计

两条工字钢间隔适当宽度以供锚杆从中穿过，缀板焊接于工字钢顶面用以固定锚杆锁头。根据锚杆截面宽度和锚杆角度，两个工字型梁间距为 18.8cm，挡墙外侧垫板宽度和长度分别为 24.6cm 和 30cm，挡墙内侧缀板宽度和长度分别为 13cm 和 30cm。根据腰梁所承受的最大剪力，对缀板截面尺寸进行设计。

$$h_{zb} = \frac{V}{b_{zb} f} = \frac{148.56 \times 1000}{24.6 \times 125 \times 10} = 0.483(cm)$$

式中：b_{zb} 为缀板宽度（cm）。

故取缀板厚度 $h_{zb} = 1cm$。

7. 连接设计

挡墙外侧缀板与腰梁采用普通螺栓进行连接，靠墙侧缀板与腰梁采用角焊缝连接，采用三面围焊。

1）普通螺栓连接设计

由钢梁自重所产生的剪力为

$$N=20.5\times2.5\times9.8=502.25\text{kN}$$

挡墙外侧缀板所承受的剪力为

$$N_1=N/2=251.125\text{kN}$$

缀板与工字型钢采用普通螺栓连接，螺栓采用 8.8 级螺栓，螺栓直径为

$$d=\sqrt{\frac{4\,N_v}{\pi\,f_v^b\,n_v}}=\sqrt{\frac{4\times251.125\times10}{3.1416\times320\times4}}=1.58(\text{cm})$$

式中：N_v为一个螺栓所承受的剪力(kN)；f_v^b为螺栓的抗剪承压强度设计值(N/mm²)；n_v为螺栓的受剪面数。

据此采用 M16 螺栓。

2）焊接设计

挡墙内侧缀板所承受的剪力为

$$N_2=N/2+7.85\times30\times13\times1\times9.8/1000=281.13\text{kN}$$

缀板与工字型钢采用角焊缝连接，采用三面围焊，取角焊缝厚度$h_f=8$mm，角焊缝有效厚度$h_e=5.6$mm。

正面角焊缝所承担的内力为

$$N_{21}=h_e\sum l_w\,\beta_f\,f_f^w=5.6\times300\times1.22\times160=327.94(\text{kN})$$

式中：$\sum l_w$为两焊件间角焊缝计算长度总和(mm)；β_f为正面角焊缝的强度设计增大系数，对于承受静力荷载和间接承受动荷载的直角焊缝取$\beta_f=1.22$；f_f^w为角焊缝的强度设计值(N/mm²)。

侧面角焊缝所承担的内力为

$$N_{22}=h_e\sum l_w f_f^w=5.6\times60\times160=53.76(\text{kN})$$

$$N_{21}+N_{22}=327.94+53.76=381.7(\text{kN})>N_2$$

故焊接设计符合要求。

8. 腰梁设计参数

通过分析腰梁实际受力情况，对腰梁进行钢材选型、截面设计、强度及刚度验算，钢材牌号为 Q235 的 I16 型工字钢可以满足工程实际需要，腰梁各项设计参数详见表 8-13。

表 8-13　腰梁设计参数

腰梁设计	设计指标	单位	设计值
腰梁受力设计	岩石侧向压力水平分力标准值e_{hk}	kN/m	73.36
	均布荷载 q	kN/m	73.36
	最大弯矩M_{max}	kN/m	35.76
	弯矩设计值 M	kN·m	48.28
	最大剪力V_{max}	kN	110.04
	剪力设计值 V	kN	148.56

续表 8-13

腰梁设计	设计指标	单位	设计值
工字型梁设计	选用钢材牌号	—	Q235
	抗弯强度设计值 f	N/mm^2	215.00
	工字型钢需要的截面模量 W_{nx}	cm^3	106.93
	工字型梁型号	—	I16
	工字型钢截面模量 W_n	cm^3	141.00
	截面面积	cm^2	26.10
	惯性矩 I_x	cm^4	1 130.00
	回转半径	cm	6.58
	半截面面积矩 S_x	cm^3	81.88
	抗剪强度设计值 f'	N/mm^2	125.00
缀板设计	缀板选用钢材牌号	—	Q235
	抗剪强度设计值 f'	N/mm^2	125.00
	挡墙内侧缀板长	cm	30.00
	挡墙内侧缀板宽 b_{zb}	cm	13.00
	挡墙外侧缀板长	cm	30.00
	挡墙外侧缀板宽 b_{zb}	cm	24.60
	缀板计算厚度 h_{zb}	cm	0.48
	缀板实用厚度	cm	1.00
节点设计	钢材牌号		8.8 级
	螺栓型号	—	M16
	每一挡墙外侧缀板所配螺栓数目	件	8
	焊接方式	—	角焊缝，三面围焊
	角焊缝厚度	mm	8

9. 腰梁工程量

腰梁部分所需构件的工程量见表 8-14。

表 8-14　腰梁工程量表

构件	钢材牌号	型号/规格（宽×高）	长度/m	数量/（个·根$^{-1}$）	重量/（kg·m^{-1}）	体积/m^3
工字型梁	Q235	I16	30.3	2	1 242.30	—
	Q235	I16	27.8	2	1 119.30	—
缀板	Q235	246×10	0.3	25	160.27	—
	Q235	130×10	0.3	25	94.22	—
螺栓	8.8 级	M16	—	200	—	—
砌块用混凝土	—	C40	58.02	—	—	0.439

（六）滑坡加固工程总工程量

滑坡体加固工程量见表8-15。

表8-15 滑坡体加固工程量表

分项工程	具体工程	单位	工程量
锚杆	M1型锚杆总数	根	135
	锚杆所需HRB400级Φ25钢筋总长度	m	6 123.0
	定位支架所需Φ8钢筋总长度	m	553.44
	钻孔总长度	kN	2040
	水泥砂浆量	m^3	3.85
地梁	HRB335级Φ16纵向受力筋总长度	m	990.0
	HRB335级Φ10构造筋总长度	m	660.0
	热轧HPB300级Φ8箍筋总长度	m	1 815.0
	C30混凝土方量	m^3	33.0
腰梁	Q235级I16工字型梁总长度	m	115.2
	Q235级缀板总面积	m^2	2.82
	8.8级M16螺栓总数	个	200
	砌块用C40混凝土方量	m^3	0.44
路面修复	修复面积	m^2	429.41

六、地表排水系统设计

（一）地表排水系统方案

为了最大可能将地表水截排到卸荷带变形体以及新生滑坡的外侧，减少地表水入渗对地质病害（灾害）的影响，设计沿仙佛寺公路、南北两个广场和广场连通通道的西侧修建一条主排水沟，长415.3m。主部分地段是沿原有排水沟进行改造、部分地段是重新修建。同时，在NS01滑坡体后缘的山坡上建3条截排水支沟，用以拦截地面水，将其引导到主排水沟内排泄，而不是从NS01滑体上的排水沟排泄。3条截排水支沟总长179.6m。另外，修复NS01滑体上原有排水沟。

主排水沟布置于公路内侧，截面形态为矩形，依据排水沟所经地段的设计汇水量、地面景观需求和施工便利性将排水沟分为4个区段，各区段截面尺寸依据设计汇水量确定；截水沟亦为矩形截面，尺寸则依据设计汇水量确定。目前公路边沟已有一定深度，故只需开挖现在边沟深度不满足设计要求的部分，其余部分用混凝土将边沟浇筑到设计尺寸。

由于坡底出露的是风化程度低、较坚硬的砂岩，开挖部分无须块石砌筑，但要将地面打平。滑坡体后缘坡体至碑林处修筑一道截水沟，因此处基本上为第四纪更新世冲积物，故需要块石砌筑。截排水沟尺寸满足设计要求后，表层采用M10砂浆抹面，厚度50mm。NS01滑体上的排水沟（以下简称“滑坡体区段排水沟”）设计采用块石砌筑重修，具体设计参数与原截水沟相同。

主排水沟加盖板，盖板宽 50cm，厚 3cm，与排水沟两壁搭接宽度各取 5cm。排水沟每隔 10m 设置一道变形缝，截水沟每隔 20m 设置一道变形缝，变形缝两侧壁应平齐无搭叠，宽 20mm，缝中填塞沥青麻筋。接缝中尚需填塞防水材料，防止砌体漏水，防水材料可贴置在接缝处已砌段的端面，也可在砌筑后再填塞，但均需沿壁内、外、顶三边填满和挤紧。填料填塞深度不得小于 15cm，以满足防水要求。

（二）截排水沟设计

排水沟设计选取矩形，根据地方经验及各治理区地质条件，选定排水沟断面设计尺寸，见表 8-16。考虑到设计区域内不同区段排水沟所承担的排水量有所不同，出于经济目的，按照各区段排水沟所负责的汇水面积将排水沟断面设计成 3 种尺寸不同的矩形断面。

表 8-16　排水沟断面设计尺寸

类型截面	排水沟
截面形状	矩形
区段 1 截面内尺寸	0.4m×0.4m
区段 2 截面内尺寸	0.4m×0.4m
区段 3 截面内尺寸	0.4m×0.5m
区段 4 截面内尺寸	0.4m×0.5m
截水沟截面内尺寸	0.4m×0.4m

1. 设计汇水量

根据《滑坡防治工程设计与施工技术规范》(DZ/T 0219—2006)，边坡体的地表水设计汇水量按下式计算确定：

$$Q=q\psi F$$

式中：Q 为设计地表水汇流量(m^3/s)；q 为设计暴雨强度(mm/h)；ψ 为径流系数；F 为汇水面积(m^2)。

2. 设计过流断面面积

根据《滑坡防治工程设计与施工技术规范》(DZ/T 0219—2006)，同时考虑 1.5 的堵塞系数，确定设计过流断面面积计算公式如下：

$$1.5Q=W\cdot C\sqrt{Ri}$$

由

$$C=R^{\frac{1}{6}}/n$$

可得

$$W=\frac{1.5q\psi F}{(R^{\frac{1}{6}}/n)\cdot\sqrt{Ri}}$$

式中：Q 为设计地表水汇流量(m^3/s)；W 为过流断面面积(m^2)；R 为水力半径(m)；i 为水力坡度；n 为排水沟壁的粗糙系数；其余符号意义同前。

3. 参数选取

根据当地暴雨记录，取 $q=47.2$ L/(s·hm^2)(读作升每秒每公顷)，径流系数 ψ 根据《室外排水设计规范》(GB 50014—2021)中取 $\psi=0.60$，汇水面积按照不同点的近似坡度考虑，大致圈定如图 8-60 所示。

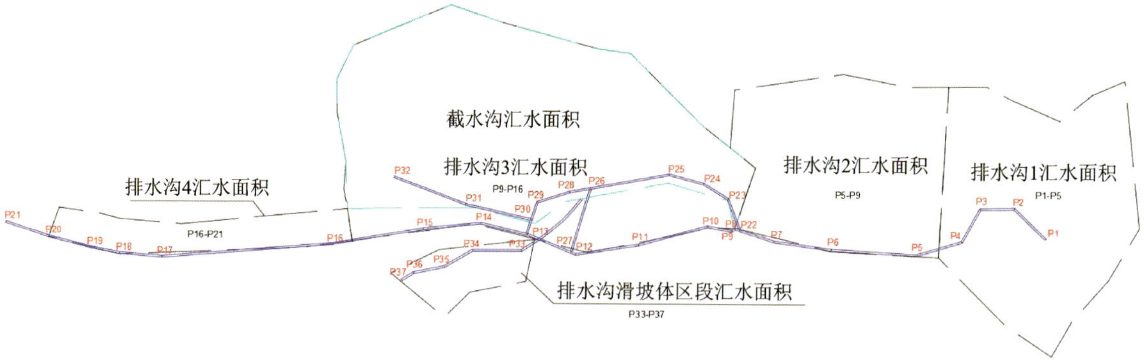

图 8-60　截排水沟平面布置图

排水沟壁的粗糙系数，根据《渠道防渗工程技术规范》(Sl 18—2004)，对于混凝土，取 $n=0.013$；水力坡度根据地形坡度计算；水力半径 R 可根据截水沟、排水沟的形状及尺寸而定，见表 8-17，为节约空间和圬工量，排水沟设置在公路内侧，选用矩形断面。各区段排水沟断面设计参数见表 8-18。

表 8-17　排水沟水力半径计算用表

断面形式	断面图	水力半径(R)
矩形	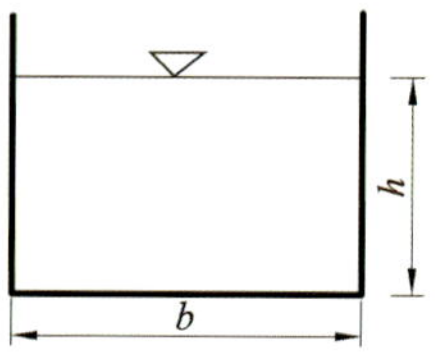	$R=\dfrac{bh}{b+2h}$
梯形	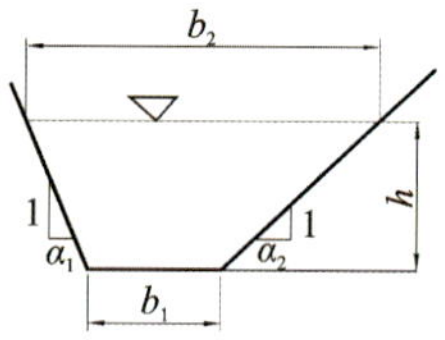	$R=\dfrac{0.5(b_1+b_2)h}{b_2+h(\sqrt{1+\alpha_1{}^2}+\sqrt{1+\alpha_2{}^2})}$

表 8-18　各区段排水沟断面设计参数表

排水沟	暴雨强度 q $L\cdot S\cdot^{-1}hm^{-2}$	径流系数 ψ	汇水面积 F/m^2	水力半径 R/m	水力坡度 i	粗糙系数 n	设计过流断面面积 S/m^2	实际过流断面面积 W/m^2
区段 1	47.2	0.6	5 542.34	0.133	0.030	0.013	0.16	0.024 3
区段 2	47.2	0.6	4 771.54	0.133	0.090	0.013	0.16	0.026 2
区段 3	47.2	0.6	10 385.08	0.143	0.028	0.013	0.20	0.090 3
区段 4	47.2	0.6	1 371.46	0.143	0.094	0.013	0.20	0.052 3
截水沟	47.2	0.6	8 750.17	0.133	0.067	0.013	0.16	0.025 8

(三)地表排水系统工程量

地表排水系统工程量如表 8-19 所示。

表 8-19　地表排水系统工程量

分项工程	具体工程	单位	工程量
截排水沟工程	挖土方	m^3	277.852
	浆砌石	m^3	102.807
	M10 砂浆	m^3	60.759
	M10 砂浆抹面	m^2	1 215.170
	变形缝	m^2	229.327
排水沟拆除工程	公路内侧排水沟拆除量	m^3	117.930
	滑坡体区段排水沟拆除量	m^3	34.216

七、引水工程防渗治理设计

仙佛寺引水工程防渗设计。

防渗范围：明渠 40m，暗渠 200m。

防渗工艺步骤如下：

（1）施工阶段勘察，在截断上游引水后，对渠道内部裂隙进行全面调查，测量裂隙宽度、填充物形式、产状，并在平面图上标注裂隙位置。

（2）按照不同截面尺寸对渠道进行分段调查，依据渠道的形状、大小进行分类统计。

（3）针对渠道发育裂隙，采用水泥浆填充，孔隙较大时可先填充粗骨料后填充浆液，注浆压力 0.2～0.4MPa，单孔注浆量现场确定，可根据注浆压力做适当调整，注浆水灰比 1.0。注浆时详细观察注浆压力大小和注浆量，观察是否冒浆。如存在垮塌部分，即采用 M10 水泥砂浆修整填充，若垮塌部位较大，则采用钢筋骨架进行填充修复，以保证暗涵内部表面平整。

（4）待渠道表面采用 M10 水泥砂浆整平后，在表面涂抹 SBS 改性沥青防水。选取暗涵洞口进行试铺，确定摊铺机的行进速度及人工配合、找平的控制方式等。试铺结束后可进入正式铺设。

（5）改性沥青施工完毕后，采用型号 SN2/PE—900g，规格 200g/0.5mm/200g 的两布一膜土工复合材料进行铺设。施工工艺如下：

首先要用料径较小的砂土或黏土找平基面，然后铺设，铺设时不要绷得太紧，两端埋入岩土体部分呈波纹状，渠道中每 5m 折叠预留褶皱，保留 5%伸缩度，最后在所铺的两布一膜上用细砂或黏土铺一层 10cm 左右过渡层。砌上 20～30cm 块石（或混凝土预制块）作防冲保护层。施工时，应尽力避免石块直接砸在上面，最好是边铺膜边进行保护层的施工。两布一膜与周边结构物连接应采用膨胀螺栓和钢板压条锚固，连接部位要涂刷乳化沥青（厚 2mm）黏接，以防该处发生渗漏。施工接缝处理是一个关键工序，直接影响防渗效果。采用以下接缝方式：①搭接：搭接宽度宜大于 15cm；②热焊：适宜稍厚的土工膜基材，焊缝搭接宽度不小于 5cm（不推荐胶接，长时间水浸泡易开胶，防渗效果差）。

（6）铺设碳纤维布。

碳纤维布的施工方法（施工流程）：构件基底处理→材料准备→粘贴碳纤维布→固化养护→检验。

材料准备：按设计尺寸剪裁碳纤维布，且严禁折叠；若碳纤维布原有折痕，应裁去有折痕的一段。

粘贴碳纤维布：将配制好的碳纤维胶黏剂均匀涂抹于渠道粘贴部位的表面，将裁剪好的碳纤维布按照放线位置敷在涂好的碳纤维胶黏剂的混凝土表面，碳纤维布应充分展平，不得有褶皱，用特制滚筒沿碳纤维布方向多次滚压，使胶液充分浸渍碳纤维布（粘贴多层碳纤维布时，请在碳纤维布表面的胶液达到指干状态时立即粘贴下一层;若延误时间超过1h,请等12h后方可重复上述步骤进行粘贴,但粘贴前应重新将碳纤维布黏合面上的灰擦拭干净)。最后一层碳纤维布粘贴完毕,应在其表面均匀涂刷一道碳纤维胶黏剂。若碳纤维布需要搭接,则其受力方向(水流方向)每端搭接布不应小于200mm。

固化养护:施工完成后24h内防止雨淋或受潮,并注意保护,防止硬物碰伤施工表面。平均气温为20~25℃时,固化时间不得少于3d;平均气温为10℃时,固化时间不得少于7d。

检验:碳纤维布的实际粘贴面积不应少于设计面积,位置偏差不应大于10mm。碳纤维布与混凝土之间的黏结质量,可用小锤轻轻敲击或手压碳纤维布表面的方法检查,总有效黏结面积不应低于95%。当碳纤维布的空鼓面积不大于250 000m^2时,可采用针管注胶的方法进行修补;当空鼓面积大于250 000m^2时,宜将空鼓部位的碳纤维布切除,重新搭接粘贴等量的碳纤维片材,搭接长度不应小于100mm。必要时,可采用正拉试验对施工质量进行现场抽样检验。

(7)真石漆采用岩片类高档硅丙喷涂,颜色应与周围岩体一致或相近。

施工工艺流程如下:

①喷涂底油。选用下壶喷枪,压力4~7kg/cm^2,施工时温度不能低于10℃,喷涂两遍,间隔2h,厚度约30μm,常温干燥12h。

②喷涂真石漆。选用真石漆喷枪,空气压力控制在4~7kg/cm^2,施工温度10℃以上,厚度2~3cm,如需涂抹两道、三道,则间隔2h,干燥24h后方可打磨。

③打磨。采用400~600目砂纸,轻轻抹平真石漆表面凸起的砂粒即可。注意用力不可太猛,否则会破坏漆膜,引起底部松动,严重时会造成附着力不良、真石漆脱落。

④喷涂面油。选用下壶喷枪,压力4~7kg/cm^2,施工不低于10℃,喷涂两遍,间隔2h,厚度约30μm,完全干燥需7d。

技术要求如下:

①喷涂表面平整,无发花、无泛碱、无咬色。

②1m正视,厚薄一致、粗细均匀。

③无流坠、无疙瘩、无溅沫现象。

④正视颜色一致,无砂眼、无划痕、无漏喷。

八、监测工程

(一)监测目的

监测是对被监测的对象进行测量,以确定其空间位置及内部形态随时间的变化特征。通过监测变化过程,可以分析和评价变形规律,预测边坡发生破坏的时间和地点,并及时采取措施,达到防止或减轻边坡破坏所带来的灾害损失的目的;根据边坡变形与各种因素之间的关系及变形的差异性,确定引起危岩体破坏的主导因数和原因,为危岩体防治设计提供依据。因此,科学、准确、及时地分析和预报变形情况,对确保崖壁危岩体的稳定保存极为重要。

根据前述分析,仙佛寺危岩体既包括小规模的变形体和滑坡破坏,也包括整体性的卸荷带岩体的变形,为此开展工程监测十分必要。监测目的有二:第一,对一期、二期所实施危岩体加固治理效果进行检验,积累文物保护经验;第二,影响和控制卸荷带岩体变形破坏的因素较多,治理工程针对部分主要诱因进行治理,后期如何发展,需要进一步监测分析。

监测应由有资质的专业单位编制监测方案,布设监控设备。本方案仅提出基本要求。

(二)监测内容

根据仙佛寺危岩体病害特征、可能的失稳破坏方式以及加固工程的实施情况，选择增加 5 个方面的监测内容：一是地表位移监测；二是地下位移监测；三是地下水监测；四是裂缝监测；五是气象环境监测。

另外，一期工程中布置有 3 个 GPS 地表位移监测点和 3 个地下位移监测孔，全部继续使用，与二期监测工程一并构建整体监测体系。

1. 地表位移监测

因一期 GPS 地表位移监测效果不甚理想，二期地表位移监测拟采用高精度电子全站仪进行监测，推荐使用瑞士徕卡公司 TS09 Ultra-01 全站仪。

监测点布设并分两类：一类是基准点，共布置 7 个。分别布置于 NS01 滑坡前缘外侧不滑动位置、石窟对岸以及石窟陡崖北侧 3 个位置。另一类为观测点，布置于重点监控的部位，共布置 15 个，具体为 NS01 滑坡前缘挡土墙墙顶 3 个、石窟陡崖顶部 8 个、石窟北坡陡崖位置 4 个。

采用全站仪极坐标法，首先以观测基准网建立独立直角坐标系和假定高程系统，测量出各个基准点的坐标和高程。分别自两处观测墩采用极坐标或边角前方交会方法对变形监测点进行观测，测量出各个变形监测点相对于基准点的水平角、倾角及斜距，然后解算出变形监测点的坐标值及高程，以第一期监测数据(两次均值)作为基准值，将后期观测值与基准值进行比较，得到各个变形监测点的位移变化情况。

一期所建立的 3 个 GPS 地表位移监测点继续使用，同时可以与全站仪测试结果进行对比。

2. 地下位移监测

一期工程中布置有 3 个地下位移监测孔，采用测斜仪进行定期监测，已取得良好的效果，本期继续使用。另新增一个测斜孔，建设标准与一期工程相同。

3. 地下水监测

地下水监测主要监测引水隧洞漏水治理情况以及地下水水位变化情况。布置于引水隧洞与石窟之间靠近引水隧洞的一侧。采用自动式孔压测力计进行测试，布置于常年地下水水位以下。地下水监测孔共布置 3 个。

4. 裂缝监测

裂缝监测拟采用裂缝计，共布置 10 个，分为 3 处：一是 NS01 滑坡前缘挡墙的裂缝处，布置 4 个；二是石窟北坡陡坎处，在陡坎岩体以及其上的堡坎中布置 3 个；三是佛龛的新生裂缝处，布置 3 个。

5. 气象环境监测

仙佛寺石窟保护区缺少气象环境监测点，拟建立 2 个，一个位于坡顶广场周边，一个位于石窟寺保护房南侧陡崖下方的平台处。主要监测温度、湿度、雨量、风速、风向、雷电、酸度等环境因素。

(三)监测工程汇总

监测工程汇总情况见表 8-20。

表 8-20　监测工程汇总表

序号	监测内容	数量/个	备注
1	地表位移监测	3(GPS 监测)+7(基准点)+15(观测点)	一期 3 个 GPS 监测； 新建 7 个全站仪监测基准点、15 个观测点
2	地下位移监测	4	一期 3 个；新建 1 个
3	地下水水位监测	3	新建
4	裂缝监测	10	新建
5	气象环境监测	2	新建

该方案 2022 年实施。

附　录　保护管理资料

附录一　上级部门批复文件

2007年设计方案批复文件。

2008年6月27日
188号 1份

国 家 文 物 局

文物保函〔2008〕571号

关于仙佛寺石窟抢险保护工程设计方案的批复

湖北省文物事业管理局：

你局《关于仙佛寺石窟抢险保护工程设计方案的请示》（鄂文物发〔2007〕133号）收悉，经研究，我局批复如下：

一、原则同意该方案。

二、核准崖顶洼地平整面积，补充说明平整后裸露地面处理措施，并使地表不再积水。

三、补充人工引水渠的水闸设计和崖顶排水沟出、入口的大样设计图。

四、危岩体锚孔使用冲击钻进方法应有安全保障措施。

五、搭设脚手架后，应在现场核实危岩加固设计方案的可行性，以确保安全。

04 08 44 FAX　　002
P.004

三、请你局根据上述意见，组织相关单位进一步细化设计方案，经你局核准后实施。施工中请加强监督、管理，确保文物安全和工程质量。

四、方案中涉及到的宗教活动中心、管理用房、栈道等建设项目，请你局单独编制建设项目方案，按程序另行报批。

此复。

国家文物局

二〇一二年八月二十二日

公开形式：主动公开

抄送：中国文物信息咨询中心，本局办公室预算处、财务处。

国家文物局办公室秘书处　　　　2012年8月23日印发

初校：王臻　　　　终校：姚丞

2

2017年设计方案批复文件。

湖北省文物局文件

鄂文物综〔2017〕65号

省文物局关于仙佛寺石窟局部赋存危岩体抢险加固工程设计方案的批复

恩施土家族苗族自治州文物局：

你局《关于恳请对仙佛寺石窟抢险加固保护方案进行评审的请示》（恩施州文物文〔2017〕2号）及附件收悉，经研究，核准意见如下：

一、该方案符合国家文物局《关于仙佛寺石窟局部赋存危岩体抢险加固工程立项的批复》（文物保函〔2016〕1013号）要求，原则同意该方案。

二、对方案提出以下意见：

（一）工程应严格按照国家文物局立项批复意见，以防护网和局部结构加固为主，不宜大规模进行崖壁混凝土喷浆。

（二）崖壁下部的风化凹槽应采取砌石支顶的方式，不宜进行喷锚加固，较浅的凹槽可暂不处理。

（三）进一步核对方案文本，勘察评估报告和设计说明重复部分较多，应准确进行区分。

请根据上述意见，督促设计单位对方案进行修改、完善，报我局核准后实施。

湖北省文物局

2017年3月27日

湖北省文物局综合处　　　　2017年3月37日印发

—2—

2020 年设计方案批复文件。

湖北省文化和旅游厅

鄂文旅函〔2021〕191 号

省文化和旅游厅关于仙佛寺石窟危岩体加固（二期）工程设计方案的批复

恩施州文化和旅游局：

你局《关于申报湖北省来凤县仙佛寺石窟危岩体加固（二期）工程设计方案的请示》（恩施州文旅文〔2021〕17 号）收悉。经研究，我厅批复如下：

一、原则同意该方案。

二、对方案提出以下意见：

（一）方案危岩体病害勘察与评价部分以定性描述为主，应补充相关定量评价，稳定性分析应补充地质力学分析和数值计算定量分析方法。具体为：

1. 应综合地质调查和测试完成项目区的工程地质分区，明确不同区的稳定性特征及破坏模式。明确划分风化带及卸荷带。

2. 稳定性分析的物理力学参数取值依据不足。表 4-5-1 应给出完整的三轴试验原始曲线及数据分析，并补充三轴或直剪试验；补充相应的岩石力学实验（特别是完整岩块三轴试验），并结合实测的节理裂隙密度分析，进而确定岩体参数；通过直剪试验确定结构面及滑面。

3. 补充渗流分析和引水隧洞与石窟的水力联系。以石窟内、外及一定范围的渗流或出流特征匹配拟合，作为稳定性的基础模型，为评估水害对石窟的影响并指导防治措施。

4. 勘察及评价应按照《岩土工程勘察规范》(GB 50021—2001)(2009年版)进行校核。回弹仪等测试方法只能作为参考(或比较分析)，不能作为依据。

5. 地层岩性描述及符号(如 K−RDn^{2+3})应规范。应确保岩体物理力学参数依据充分，并强化渗流分析明确引水隧洞与石窟的水力联系特征。

(二)设计内容整体符合批复意见要求的“针对性的治理措施，避免过度干预”，但“工程措施的表面处理”部分应加强。

(三)方案中应明确卸荷带地区是否涉及文物及其保护的问题，是否存在原始道路及有关遗迹。

(四)核校文字、规范图纸。XFS-PS-01 图中排水沟纵剖面图及编号位置未清晰标示，图 4-6-1 缺乏图例。

请根据上述意见，督促设计单位对方案进行修改、完善后，报我厅核准。

湖北省文化和旅游厅

2021年6月25日

湖北省文化和旅游厅办公室　　2021年6月28日印发

初校：宋　博　　终校：陈　飞

— 2 —

附录二　全国重点文物保护单位登记表

<table>
<tr><td>公布名称</td><td colspan="2">仙佛寺石窟</td><td>其他名称</td><td colspan="2"></td></tr>
<tr><td>公布批次</td><td colspan="2">第六批</td><td>公布分类号</td><td colspan="2">4</td></tr>
<tr><td>公布编号</td><td colspan="2">6-0845-4-035</td><td>代　　码</td><td colspan="2">421400002</td></tr>
<tr><td>公布地址</td><td colspan="5">湖北省来凤县</td></tr>
<tr><td>现地址</td><td colspan="5">湖北省恩施土家族苗族自治州来凤县翔凤镇关口村佛潭</td></tr>
<tr><td rowspan="2">地理坐标</td><td colspan="2">经度</td><td colspan="2">纬度</td><td>海拔</td></tr>
<tr><td colspan="2">东经 29° 33′28.3″</td><td colspan="2">北纬 109°27′ 23.8″</td><td>523m</td></tr>
<tr><td rowspan="3">面　积</td><td colspan="2">保护单位面积</td><td colspan="2">220</td><td>m²</td></tr>
<tr><td colspan="2">保护范围面积</td><td colspan="2">30 000</td><td>m²</td></tr>
<tr><td colspan="2">建设控制地带面积</td><td colspan="2">350 000</td><td>m²</td></tr>
<tr><td>公布时代</td><td colspan="2">唐</td><td>时代研究信息</td><td colspan="2"></td></tr>
<tr><td>统计年代</td><td colspan="5">□旧石器时代　□新石器时代　□青铜时代(限古遗址、古墓葬类)　□夏　□商
□周(含春秋)　□战国　□秦　□汉　□三国　□两晋十六国　□南北朝　□隋
■唐　□五代　□宋　□辽　□金　□元　□明　□清　□民国
□中华人民共和国</td></tr>
<tr><td>公布类别</td><td colspan="2">石窟寺及石刻</td><td>类　别</td><td colspan="2">石窟寺及石刻</td></tr>
<tr><td rowspan="3">类别明细</td><td>古遗址</td><td colspan="4">聚落、洞穴址　城址　建筑遗址　矿冶遗址　陶瓷窑址
其他遗址</td></tr>
<tr><td>古墓葬</td><td colspan="4">墓群　单体墓葬</td></tr>
<tr><td>古建筑</td><td colspan="4">长城　阙　塔　桥梁　寺庙　坛庙　城郭营垒　衙署
宅第　建筑群落　会馆祠堂　楼阁牌坊　交通水利
文教公益　商肆作坊　其他建筑</td></tr>
<tr><td rowspan="3">类别明细</td><td>石窟寺及石刻</td><td colspan="4">●石窟　摩崖石刻　岩画　经幢　碑刻　雕刻</td></tr>
<tr><td>近现代重要史迹及代表性建筑</td><td colspan="4">名人故旧居和纪念地点　历史事件纪念地点　军政机构驻屯地点
代表性建筑　近代工商业遗存</td></tr>
<tr><td>其他</td><td colspan="4">其他</td></tr>
<tr><td>公布机关</td><td colspan="2">中华人民共和国国务院</td><td>公布日期</td><td colspan="2">2006 年 5 月 25</td></tr>
<tr><td>所有权</td><td colspan="5">■国家所有　□集体所有　□个人所有　□其他</td></tr>
</table>

<table>
<tr><td rowspan="2">使用情况</td><td colspan="2">使用人</td><td colspan="3">来凤县仙佛寺景区管理委员会</td><td>隶属</td><td>来凤县政府办公室</td></tr>
<tr><td colspan="2">用途</td><td colspan="5">□办公场所 ■开放参观 □宗教活动 □军事设施 □工农业生产
□商业用途 □居住场所 □教育场所 □无人使用 □其他用途</td></tr>
<tr><td>管理机构</td><td colspan="7">来凤县仙佛寺景区管理委员会</td></tr>
<tr><td>简要说明</td><td colspan="7">仙佛寺石窟位于湖北省恩施州来凤县翔凤镇关口村佛潭西水河西岸崖壁上，始建于初盛唐时期，摩崖造像所在石壁全长 200m，中段约 35m 一段凿刻摩崖造像，大小造像共计 31 尊。仙佛寺造像利用山崖开凿，主要佛龛有北龛、中龛、南龛、中型龛。造像有释迦牟尼、弥勒、双观音和其他菩萨及弟子，造像最大者通高约 6m，大佛龛顶距离地面最高处 14.6m。根据他们造像的服饰特征、题材组合、佛座样式、帔帛垂于腿际二道、降魔触地印之佛手势、弥勒佛像的佛装倚坐等权威性的判断，为初盛唐时期的代表性作品</td></tr>
<tr><td rowspan="2">保存现况</td><td colspan="2">现状评估</td><td colspan="5">好 ●中 差</td></tr>
<tr><td colspan="2">现存状况</td><td colspan="5">造像残损，窟檐复原工程于 2014 年 11 月竣工</td></tr>
<tr><td rowspan="3">残损原因</td><td colspan="2">自然因素</td><td colspan="5">□地质因素 □气候因素■水文因素 □生物因素 □化学因素□其他自然因素</td></tr>
<tr><td colspan="2">人为因素</td><td colspan="5">□战争动乱 □盗掘盗窃 □不合理利用 □不恰当发掘修缮
■其他人为因素</td></tr>
<tr><td colspan="2">残损原因描述</td><td colspan="5">附近水渠的渗漏，浸蚀造像，还有风化的原因</td></tr>
<tr><td>保护范围和建设控制地带</td><td colspan="7">保护范围：以仙佛寺摩崖造像为中心，100m 长约半径范围内。即东以西水河中心为界，南以佛潭大堰涵道出口为界，西以通往仙佛寺人行道西侧 20m 为界，北以佛潭大堰管养处北边 50m 的石塔为界。面积约为 3 万 m^2。
建设控制地带：以仙佛寺摩崖造像为中心，100m 长的半径范围内（备注：保护范围外围 500m 的范围内），即东至西水河中心，南至佛潭大堰涵道二次出口处，西到 G209 国道东侧，北至原来凤县、宣恩县交界处。面积约为 35 万 m^2</td></tr>
<tr><td rowspan="6">保护标志</td><td rowspan="2">标志牌</td><td>材质</td><td>石</td><td>数量</td><td>1</td><td>立标机关</td><td>湖北省人民政府</td></tr>
<tr><td>规格</td><td colspan="3">宽 220cm，高 120cm，厚 25cm</td><td>立标日期</td><td>2013 年 5 月 8 日</td></tr>
<tr><td rowspan="2">说明牌</td><td>材质</td><td>石</td><td>数量</td><td>1</td><td>立标机关</td><td>湖北省人民政府</td></tr>
<tr><td>规格</td><td colspan="3">宽 220cm，高 120cm，厚 25cm</td><td>立标日期</td><td>2013 年 5 月 8 日</td></tr>
<tr><td rowspan="2">界 桩</td><td>材质</td><td>石</td><td>数量</td><td>4</td><td>立标机关</td><td>来凤县人民政府</td></tr>
<tr><td>规格</td><td colspan="3">宽 30cm，高 65cm，厚 6cm</td><td>立标日期</td><td>2002 年 3 月 25 日</td></tr>
<tr><td rowspan="4">保护机构现状</td><td>名 称</td><td colspan="6">来凤县仙佛寺景区管理委员会</td></tr>
<tr><td>类 别</td><td colspan="6">委托机构</td></tr>
<tr><td>负责人</td><td colspan="6">向雪峰</td></tr>
<tr><td>人 数</td><td colspan="2">12</td><td colspan="2">成立时间</td><td colspan="2">2010 年 9 月</td></tr>
<tr><td>备注</td><td colspan="7"></td></tr>
</table>

附录三 相关历史照片

图 1 仙佛寺石窟老照片(全景)

图 2 仙佛寺石窟老照片(山门)

图 3　仙佛寺石窟老照片(北侧全景)

图 4　仙佛寺石窟南龛释迦牟尼(2000 年拍摄)

图 5　仙佛寺石窟北龛释迦牟尼(2000 年拍摄)

图 6　仙佛寺石窟中龛弥勒佛(2000 年拍摄)

图 7　仙佛寺石窟全景(2001 年拍摄)

图 8　仙佛寺石窟佛龛群(2003 年拍摄)

图 9　仙佛寺石窟窟檐保护工程完工后全景(2014 年拍摄)

图 10　仙佛寺石窟赋存危岩体抢险加固工程后的全景(2019 年 10 月拍摄)